essentials

Essentials liefern aktuelles Wissen in konzentrierter Form. Die Essenz dessen, worauf es als „State-of-the-Art" in der gegenwärtigen Fachdiskussion oder in der Praxis ankommt. *Essentials* informieren schnell, unkompliziert und verständlich

- als Einführung in ein aktuelles Thema aus Ihrem Fachgebiet
- als Einstieg in ein für Sie noch unbekanntes Themenfeld
- als Einblick, um zum Thema mitreden zu können

Die Bücher in elektronischer und gedruckter Form bringen das Fachwissen von Springerautor*innen kompakt zur Darstellung. Sie sind besonders für die Nutzung als eBook auf Tablet-PCs, eBook-Readern und Smartphones geeignet. *Essentials* sind Wissensbausteine aus den Wirtschafts-, Sozial- und Geisteswissenschaften, aus Technik und Naturwissenschaften sowie aus Medizin, Psychologie und Gesundheitsberufen. Von renommierten Autor*innen aller Springer-Verlagsmarken.

Martin Franz

Rechtssicherer AI-Einsatz im Unternehmen

Use Cases beurteilt nach AI Act, Datenschutz, Urheberrecht und weiteren Gesetzen

Martin Franz
München, Deutschland

ISSN 2197-6708   ISSN 2197-6716   (electronic)
essentials
ISBN 978-3-658-49944-0   ISBN 978-3-658-49945-7   (eBook)
https://doi.org/10.1007/978-3-658-49945-7

Die Deutsche Nationalbibliothek verzeichnet diese Publikation in der DeutschenNationalbibliografie; detaillierte bibliografische Daten sind im Internet über https://portal.dnb.de abrufbar.

Springer Gabler ist ein Imprint der eingetragenen Gesellschaft Springer Fachmedien Wiesbaden GmbH und ist ein Teil von Springer Nature.
Die Anschrift der Gesellschaft ist: Abraham-Lincoln-Str. 46, 65189 Wiesbaden, Germany

Wenn Sie dieses Produkt entsorgen, geben Sie das Papier bitte zum Recycling.

Was Sie in diesem *essential* finden können

- Erklärung der Arbeitsweise, der Anwendung und des Rechts der Künstlichen Intelligenz anhand konkreter Situationen und Fälle.
- Keine freischwebenden Rechtsausführungen, sondern konkrete Handlungsanweisung: Was kann/soll/muss ich in diesem Fall tun?
- Darstellung, Einordnung und Vermeidung existierender Rechtsstreitigkeiten

Vorwort

Künstliche Intelligenz (KI, englisch Artificial Intelligence, AI) ist seit einigen Jahren da, sie bestimmt mehr und mehr Beruf und Freizeit und sie wird auch nicht mehr weggehen. Man kann sich nur auf die Situation einstellen, indem man AI so gut wie möglich begreift und beherrscht, um sich nicht von ihr beherrschen zu lassen.

Diese These, der wohl die wenigsten widersprechen werden, ist die Grundlage dieses *essentials*. So faszinierend die Ergebnisse von generativer AI und LLMs auch sein mögen, wenn sie z. B. innerhalb von Sekunden auf einen einfachen Prompt hin ein seitenlanges lauffähiges Computerprogramm ausgeben, so offensichtlich sind auch ihre Schwächen (insbesondere Halluzinationen) und ihr Missbrauchspotenzial.

Als Darstellungsweise wurde ein gemischter Ansatz gewählt: Nach einer allgemeinen Einführung zur Funktionsweise und zum Rechtsrahmen von AI werden konkrete Anwendungssituationen von AI (Use Cases) dargestellt, vorzugsweise anhand existierender Rechtsstreitigkeiten. Dem liegt die Überzeugung zugrunde, dass abstrakte Regeln schwer zu merken sind, wohingegen sich Regeln bei der Anwendung auf konkrete Fälle viel besser verstehen und behalten lassen. Dabei wird auch klar, was diese Regeln konkret für die Unternehmenspraxis bedeuten.

Die rechtliche Beurteilung beruht primär auf dem AI-Act der EU, der im Wesentlichen ein Gesetz zur Produktsicherheit von AI-Anwendungen ist. Das Gesetz war hinsichtlich seiner wirtschaftlichen Auswirkungen von Anfang an umstritten, und es wird sich zeigen, dass es zurzeit einige noch nicht gelöste Probleme und Grauzonen gibt. Ferner ist die Datenschutzgrundverordnung (DSGVO) maßgeblich, sofern persönliche Daten involviert sind, sowie das Urheberrecht, sofern geschützte Werke tangiert sind. Da die Einsatzmöglichkeiten von künstlicher

Intelligenz so breit sind wie die des menschlichen Verstandes, kommen noch zahlreiche weitere Gesetze zur Anwendung.

Die Ratschläge und Checklisten folgen dem „belts & suspenders"-Prinzip: Manchmal kann ein Problem schon durch eine bestimmte Maßnahme gelöst werden, es werden aber auch alle weiteren möglichen Maßnahmen dargestellt, um dem Leser die Wahl zu lassen, die Möglichkeit(en) auszuwählen, die in seinem Unternehmen am geeignetsten sind.

Im Folgenden plädiere ich dafür, AI als das anzusehen, was sie in Wirklichkeit ist: als ein Werkzeug, dessen Nutzen und Risiken zu 100 % vom sachgerechten Einsatz abhängen. Je mehr man über AI weiß, desto effektiver und risikofreier kann man sie einsetzen.

München   Martin Franz
im August 2025

Inhaltsverzeichnis

Einleitung: Was ist AI und wie funktioniert sie?

Zunächst ist die Frage: Was ist AI überhaupt? Es liegt nahe, dazu das einschlägige Gesetz, den AI-Act zu konsultieren. Da die Definition von AI im AI-Act schwer lesbar ist (so wie der ganze AI-Act), wird der Lesbarkeit hier grafisch etwas nachgeholfen. Art. 3 Nr. 3 AI-Act lautet:

„‚KI-System' [bezeichnet] ein maschinengestütztes System,
  das für einen in unterschiedlichem Grade autonomen Betrieb ausgelegt ist und
  das nach seiner Betriebsaufnahme anpassungsfähig sein kann und
  das aus den erhaltenen Eingaben für explizite oder implizite Ziele ableitet, wie Ausgaben
  wie etwa Vorhersagen, Inhalte, Empfehlungen oder Entscheidungen erstellt werden,
  die physische oder virtuelle Umgebungen beeinflussen können.“

Was die Schöpfer dieser Definition damit sagen wollten, ist, dass AI im Gegensatz zu normaler Software **lernt.** Da „Lernen" eine menschliche Eigenschaft ist, wird dieses Wort mit „ableiten" umschrieben. „Lernen" oder „ableiten" sowie „autonomer Betrieb" ist im **Gegensatz zu sog. regelbasierter Software**[1] zu verstehen: Bei regelbasierter Software geben Menschen über die Software „Wenn-Dann"-Regeln vor. Bei einer Software zur Berechnung von Kreditausfällen könnte eine Regel z. B. lauten: „Wenn der Schuldner arbeitslos ist, dann ist die Kreditausfallwahrscheinlichkeit X % höher."

---

[1]Vgl. Erwägungsgrund 12 des AI-Acts und Wendt, Janine und Wendt, Dominik (2024), § 2 Rn. 12.

Bei AI werden der Software nur Lernmaterial und die korrekten Ergebnisse (**Datasets**) vorgegeben. Für die Berechnung von Kreditausfällen sind das z. B. die Daten sämtlicher Schuldner einer Bank und die tatsächlichen bisherigen Kreditausfälle. Die Software manipuliert sich dann selbst so, dass sie aus diesem Dataset (Daten sämtlicher Schuldner und sämtlicher bisheriger Kreditausfälle) einen bestimmten Output (Wahrscheinlichkeit zukünftiger Kreditausfälle) errechnet, was man „lernen" oder „ableiten" nennen kann. Technisch gesehen werden beim Lernen die Parameter künstlicher **neuronaler Netze** durch den Vergleich der von der AI tatsächlich erzielten Ergebnisse mit den gesuchten Ergebnissen so geändert, dass das gesuchte Ergebnis wahrscheinlicher wird (sog. **Backpropagation**).[2] Die internen Regeln, nach denen die AI tatsächlich zu ihren Ergebnissen kommt, sind dabei nicht oder nur schwer von außen nachvollziehbar: Die Regeln sind eben die Parameter der neuronalen Netze, d. h. die **Vernetzung** der Neuronen. Dieser Sachverhalt wird auch als **Blackbox-Problem** bezeichnet.

Allerdings gibt es sog. Machine Learning schon seit Jahrzehnten und niemand sah ein Bedürfnis, diese technische Innovation zu regulieren. Was also hat sich in den letzten Jahren geändert? Dazu eine kurze Geschichte der AI:[3]

- 1950: Turing-Test als Maßstab für künstliche Intelligenz: Mensch kann bei Frage-und-Antwort-Spiel nicht unterscheiden, ob er mit einem Menschen oder einer Maschine redet;
- 1958: Künstliches Neuron wird konzipiert;
- 1982: Backpropagation: Algorithmus für das Trainieren von neuronalen Netzen wird gefunden;
- 2006: Durchbruch für rezeptive AI: Tiefgestaffelte neuronale Netze (**Deep Learning**) können handgeschriebene Zahlen mit 98 % Genauigkeit erkennen;
- 2017: Durchbruch für generative AI: Google-Forschungsteam findet die **Transformer-Architektur,** die Grundlage von **Large Language Models (LLM)** ist;
- 2020: Chat GPT (**Generative Pre-trained Transformer**) 2 erscheint, das 175 Mrd. Neuronen hat und mit 45 Terabyte Daten trainiert wurde.
- 2022: Chat GPT 3.5 hat innerhalb von fünf Tagen 1 Mio. Nutzer.

---

[2] Zu den technischen Details vgl. Mühleis, Niklas und Akinci, Nick (2024), S. 13–24. Technisch Interessierten seien die hervorragenden Kurse des YouTubers „3Blue1Brown" zu Deep Learning empfohlen.

[3] Vgl. Niko Steeb (2025).

- 2023: 68 % der Nutzer können LLMs in einem Chat von Menschen unterscheiden, d. h., 32 % können es nicht.[4]

Diesen letzten Punkt greift auch die Meldung der Bundesregierung zur Einführung des AI-Acts auf: „Künstliche Intelligenz beschreibt die Fähigkeit von Maschinen, basierend auf Algorithmen Aufgaben autonom auszuführen und dabei die Problemlösungs- und Entscheidungsfähigkeiten des menschlichen Verstandes nachzuahmen."[5]

Das **„Nachahmen" des menschlichen Verstandes** ist der wohl wichtigste Grund für die Entstehung des AI-Acts. Darin liegen Chancen und Risiken von AI:

- AI „klingt" wie menschlicher Verstand (insb. LLMs) und wirkt wie menschliche Kreativität (insb. Bild- und Musikerzeugungs-Programme), ist es aber nicht.
- AI ist in gewissen Hinsichten der menschlichen Intelligenz haushoch überlegen, z. B.
  - „Wissensumfang". Tatsächlich „weiß" AI gar nichts, dazu gleich.
  - Erkennung von Mustern (**Pattern Recognition**) in so unterschiedlichen Bereichen wie Schach, Krebserkennung, Sprache, Musik.
- AI ist aber überhaupt keine „Intelligenz", wenn darunter die Fähigkeit verstanden wird, so etwas wie die „Welt" oder „Sinn" zu verstehen oder etwas über die Welt zu wissen.
- AI ist in ihrem Kern lediglich die statistische Berechnung von Wahrscheinlichkeiten aufgrund von vorgegebenem Lernmaterial, die dann auf ähnliche Situationen angewendet wird.

Was statistische Wahrscheinlichkeiten und die „Unterhaltungen", die man mit LLMs hat, zu tun haben, liegt nicht auf den ersten Blick auf der Hand. Hier helfen Beispiele mehr als jede abstrakte Erklärung. Die Beispiele und Wahrscheinlichkeiten sind von ChatGPT selbst. Fragen oder Instruktionen an die AI, bestimmte Aufgaben zu erfüllen, werden als **Prompts** bezeichnet: „Was ist der Sinn des Lebens?" Antwort: „Der Sinn des Lebens ist, ____ zu sein." Aufgrund seines Lernmaterials (das wir nicht kennen) errechnet ChatGPT folgende Wahrscheinlichkeit für das fehlende Wort:

---

[4] Wendt, Janine und Wendt, Dominik (2024), § 2 Rn. 1.
[5] Bundesregierung (2025).

Antwort	Wahrscheinlichkeit
glücklich	43.9 %
zufrieden	27.9 %
erfüllt	14.0 %
frei	7.0 %
geliebt	3.5 %

Folglich gibt Chat-GPT „glücklich" aus. Hier könnte man noch sagen: Egal, das ist ohnehin nur eine Meinung. Dass die Sache nicht so harmlos ist, zeigt das nächste Beispiel. Prompt: „Wer war der erste Mensch auf dem Mond?" Ausgabe: „Der erste Mensch auf dem Mond war Neil _____."

Name	Wahrscheinlichkeit
Armstrong	56 %
Aldrin	32 %
deGrasse	9 %
Gagarin	4 %
Collins	2 %

Hier zeigt sich deutlich der Unterschied zwischen einer Aussage über ein Faktum in der Welt („Wissen") und der Wahrscheinlichkeit des nächsten Wortes in einem Text. Dafür, dass das Faktum glasklar ist und jeder Mensch die Antwort kennt, sind die Abstände der Wahrscheinlichkeiten nicht sonderlich groß. Schon die zweitwahrscheinlichste Antwort ist eine sog. Halluzination: Buzz Aldrin war der zweite Mensch auf dem Mond, einen „Neil Aldrin" gibt es (in diesem Kontext) nicht, ebensowenig wie einen „Neil Gagarin". ChatGPT errechnete trotzdem eine Wahrscheinlichkeit von 32 %, dass „Neil Aldrin" der erste Mensch auf dem Mond war. Je nach Sachgebiet und Kontext ist es daher relativ einfach, LLMs scheitern zu lassen und zu absurden Antworten zu verleiten, was in Art. 15 Abs. 5 AI-Act als „**adversarial examples**" (kontradiktorische Beispiele) und „**model evasions**" (Musterumgehung) bezeichnet wird. Um ein intuitives Gefühl für die Funktionsweise von LLMs zu bekommen, ist es hilfreich, sich diese Wahrscheinlichkeiten in zahlreichen Szenarien geben zu lassen.

LLMs tun jedenfalls nicht mehr, als Textwahrscheinlichkeiten zu berechnen (andere Formen der generativen AI errechnen in ähnlicher Weise die Wahrscheinlichkeit von Pixeln in Bildern, Frequenzen in Musik etc.). Aufgrund der unglaublichen Menge an Lernmaterial, der Anreicherung jedes Wortes der Frage aus dem

Kontext und der enormen Rechenleistung der LLMs sehen die Antworten jedoch meist so aus, als wären sie von einem Menschen gegeben. Das erklärt die prägnante Aussage des UK Bar Council[6] zu LLMs: „Die Fähigkeit von LLMs, überzeugende, aber falsche Inhalte zu erzeugen, wirft ethische Bedenken auf." Als Hauptrisiken werden dort genannt:

- Anthropomorphismus: AI sieht aus wie menschliche Intelligenz, ist es aber nicht.
- Halluzinationen: Falsche Antworten entweder durch Fehler, die schon in den Trainingsdaten vorlagen, oder durch errechnete Wahrscheinlichkeiten, die nichts mit der Wirklichkeit zu tun haben.
- Informationschaos durch falsche Informationen, aber auch durch die schiere Menge der Informationen, die durch AI erzeugt werden kann.

Das alles führt auf folgende Definition:

▶ AI ist die maschinelle Berechnung von Wahrscheinlichkeiten mithilfe von vorgegebenen Lerndaten (aufgebaut als Test/Ergebnis-**Datasets**), auf deren Grundlage dann Prognosen für ähnliche Datenlagen erstellt werden **(Pattern Recognition)**. Die Berechnungen und Prognosen können sich auf Texte, Bilder, Klänge, Filme oder andere Daten (Kreditausfälle, Erfolgschance von Bewerbern etc.) beziehen. AI-Systeme mit hoher Rechenleistung und umfangreichen Lerndaten können auf diese Weise menschliche Intelligenz und Kreativität auf täuschende und überzeugende Weise nachahmen, ohne selbst intelligent und kreativ zu sein.

---

[6] The Bar Council (UK)(2024), Ziffern 17 sowie 8–10.

Rechtsrahmen: AI-Act, Datenschutz, weitere Gesetze

2

Bevor einzelne Anwendungsfälle untersucht werden, wird im Folgenden stichpunktartig der Rechtsrahmen im Überblick dargestellt. Details und Anwendungsprobleme bleiben den jeweiligen Use Cases vorbehalten.

2.1 AI-Act

2.1.1 Risikopyramide, Sanktionen

Der AI-Act ist im Wesentlichen ein Gesetz zur **Produktsicherheit von AI-Anwendungen**. Es verfolgt einen **risikobezogenen Ansatz:** Je höher das potenzielle Risiko einer AI-Anwendung, umso stärker die Reglementierung. Dies wird durch folgende Risikopyramide (Abb. 2.1) ausgedrückt:

- Anwendungen mit **inakzeptablem Risiko** sind verboten (Art. 5). Dies sind:

  - Unterschwellige Beeinflussung von Verhalten (**Manipulation**)
  - Ausnutzung der Schutzbedürftigkeit (**Vulnerabilität**) einer Person
  - Soziale Bewertung (**Social Scoring**) mit negativen Folgen, die in **keinem Zusammenhang** mit der Bewertung stehen oder die **ungerechtfertigt** oder **unverhältnismäßig** sind. D. h. aber auch: Social Scoring ist nicht in jedem Fall verboten.
  - Vorhersage der Begehung einer Straftat (**Predictive Policing**)
  - Ungezieltes Auslesen von Gesichtsbildern aus Datenbanken oder dem Internet
  - Emotionserkennung am Arbeitsplatz
  - Biometrische Kategorisierung nach Rasse, politischer Einstellung, Religion, Sexualität etc.
  - Biometrische Identifikation im öffentlichen Raum zur Strafverfolgung („Verbrechersuche"), allerdings mit Ausnahmen

© Der/die Autor(en), exklusiv lizenziert an Springer Fachmedien
Wiesbaden GmbH, ein Teil von Springer Nature 2026
M. Franz, *Rechtssicherer AI-Einsatz im Unternehmen*, essentials,
https://doi.org/10.1007/978-3-658-49945-7_2

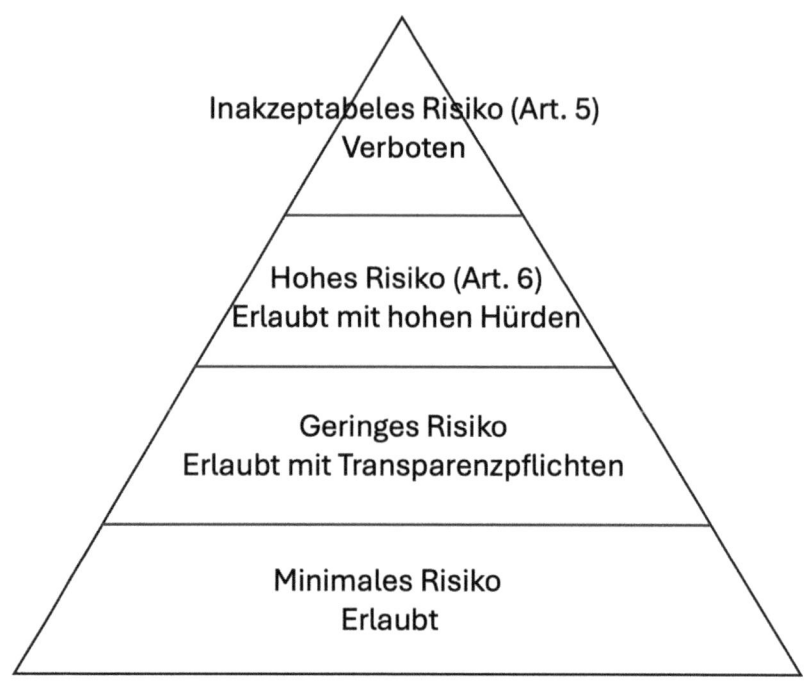

Abb. 2.1 Risikopyramide. (Quelle: eigene Darstellung)

- Anwendungen mit **hohem Risiko** sind mit hohen Kontroll- und Nachweispflichten erlaubt (Art. 6), sofern sie nicht schon unter Art. 5 fallen. Hochrisiko-Anwendungen, die **in privaten Unternehmen** vorkommen können, sind:

  – Abs. 1, **Anhang I:** Produkte wie Maschinen, Spielzeug, Sportboote, Aufzüge, Funkanlagen, Seilbahnen, explosionsgefährdete Geräte, Luftfahrt, Autos etc. Hier ist eine AI-Anwendung hochriskant:

    wenn die Anwendung ein Sicherheitsbauteil der in Anhang I genannten Produkte oder selbst ein solches Produkt; und
    das in Anhang I genannte Produkt geprüft werden muss (**Konformitätsbewertung**), in der Regel durch Dritte (z.B. TÜV).

Diese Hochrisikogruppe kann in einer Faustregel zusammengefasst werden:

Ist eine AI-Anwendung sicherheitsrelevanter Teil eines Produkts, dessen Betrieb selbst ein Risiko darstellt (insb. Verkehr), dann gilt meist auch die AI-Anwendung als hochriskant. Merkbeispiel: Autonomes Fahren von Autos.

– Abs. 2, **Anhang III:** AI-Anwendungen in folgenden Bereichen gelten als hochriskant, auch wenn sie mit keinem auf sonstige Weise riskanten Produkt in Verbindung stehen:

Biometrie-Erkennung, **Emotion**serkennung
Kritische Infrastruktur (Wasser, Gas, Wärme, Strom)
Berufliche Bildung
Beschäftigung und **Personalmanagement**
Kreditwürdigkeitsprüfung und **Bonitätsbewertung**
Risikobewertung bei **Lebens- und Krankenversicherung**
Klassifizierung von **Notrufen**

Als Rückausnahme gilt (Abs. 3): Diese Anwendungen sind nicht hochriskant, wenn sie die **Entscheidungsfindung nicht wesentlich beeinflussen.** Dieser Fall kann nur gegeben sein, wenn überhaupt ein Mensch eine Entscheidung trifft (**„Human in the Middle"**), also nicht, wenn die AI-Anwendung die Entscheidung autonom trifft. Diese Ausnahme muss der Anbieter allerdings bei den Behörden registrieren (Art. 49 Abs. 2).

• Anwendungen mit **geringem Risiko** (Art. 50): Sie unterliegen bestimmten Transparenzpflichten:

– Interaktion mit natürlichen Personen (z. B. Chatbots und ChatGPT): Hinweis, dass der Chatbot kein Mensch ist.
– Erzeugung von Audio-, Bild-, Video- und Textdateien: Hinweis, dass die Dateien AI-erzeugt sind.
– Erzeugung von Deepfakes: Hinweis auf künstliche Erstellung der Deepfakes.

• Anwendungen mit **minimalem Risiko:** Das sind alle Anwendungen, die nicht unter Art. 5, 6 oder 50 fallen. Hier unterliegen Anbieter und Betreiber keiner Reglementierung aus dem AI-Act. Viel bleibt allerdings nicht mehr. Für Unternehmen kommen z. B. infrage:

– Design von nicht-riskanten Produkten (ohne Zuhilfenahme von fremdem geistigem Eigentum)

- Verarbeitung von internen Firmendaten (ohne PII), um Möglichkeiten der Effektivitätssteigerung zu finden.
- AI-gestützte Spamfilter

Bei **Verstößen** gegen das Verbot von bestimmten AI-Anwendungen (Art. 5) drohen Strafen von bis zu € 35 Mio. oder 7 % des gesamten weltweiten Jahresumsatzes. Bei Verstößen im Bereich von Hochrisiko-Anwendungen (Art. 6) oder Transparenzpflichten bei Anwendung mit geringem Risiko (Art. 50) drohen Geldbußen von bis zu € 15 Mio. oder 3 % des Jahresumsatzes (Art. 99). Allerdings ist zu erwarten, dass die zuständigen Behörden mit diesen Sanktionen wie bei der DSGVO umgehen: Sie werden normalerweise zunächst Auskunft verlangen, dann bei kleineren Verstößen erst mit Strafen drohen, falls Missstände nicht abgeschafft werden, und erst bei Missachtung der Drohung Strafen verhängen. Die gegen EU-Unternehmen verhängten Strafen lagen bei der DSGVO meist weit unterhalb der Höchststrafen; wirklich ausgeschöpft wurde der Strafrahmen nur gegen US-Unternehmen, die sich mehr oder weniger vorsätzlich nicht an EU-Recht halten wollten.

2.1.2 Sachlicher, persönlicher, räumlicher und zeitlicher Anwendungsbereich

Sachlich gilt der AI-Act für KI-Systeme (Art. 2). Zur Definition siehe Ziffer 1 oben.

Persönlich gilt der AI-Act erstens für **Anbieter,** die KI-Systeme entwickeln oder entwickeln lassen und unter ihrem Namen/Marke in der EU in den Verkehr bringen (Art. 2 Abs. 1 lit. a, Art. 3 Ziff. 3).

Zweitens gilt er für **Betreiber,** die ein KI-System in eigener Verantwortung für ihre **berufliche** Tätigkeit verwenden (Art. 2 Abs. 1 lit. b, Art. 3 Ziffer 4); der private Nutzer ist kein Betreiber. Für die **Abgrenzung** zwischen Anbieter und Betreiber ist die Nähe zum System entscheidend: Wer nicht am Entwicklungsprozess beteiligt ist, gilt als Betreiber.[1] Schon hier stellt sich insbesondere beim sog. **Finetuning** die Frage, wer ein KI-System eigentlich entwickelt (dazu unten bei den Use Cases). Ferner kann der Betreiber **zum Anbieter werden,** wenn er (Art. 25 Abs. 1):

- ein betriebenes Hochrisiko-System mit seinem Marken-/Handelsnamen versieht, d. h. durch **Branding;**

---

[1] Wendt, Janine und Wendt, Dominik (2024), § 3 Rn. 51.

- eine **wesentliche Veränderung** eines betriebenen Hochrisiko-Systems vornimmt, sodass es weiterhin ein Hochrisiko-System bleibt:
- die **Zweckbestimmung** eines nicht-hochriskanten AI-Systems so **verändert,** dass es zu einem Hochrisiko-System wird.

Auch hier ergeben sich Abgrenzungsschwierigkeiten, die in den einzelnen Use Cases diskutiert werden.

Ferner gilt der AI-Act für **Einführer** und **Händler** von AI-Systemen, sowie für **Produkthersteller,** die AI-Systeme in ihre Produkte integrieren (Art. 2 Abs. 1 lit. d und e).

Beim räumlichen Anwendungsbereich gilt: Der AI-Act gilt für alle Anbieter, die ihr AI-System in der EU in den Verkehr bringen, egal ob sie in der EU niedergelassen sind oder nicht, und für Betreiber, wenn sie in der EU niedergelassen sind. Sie gilt auch für alle Anbieter und Betreiber, wenn ihr Produkt unter eigenem Namen **in der EU verwendet wird,** egal ob sie in der EU niedergelassen sind oder nicht (Art. 2 Abs. 1). Der AI-Act hat somit **exterritoriale Wirkung.** Auf die Durchsetzung des AI-Acts gegenüber US-Technologieunternehmen darf man nach den entsprechenden Erfahrungen mit der DSGVO und dem Digital Services Act gespannt sein.

In zeitlicher Hinsicht tritt der AI-Act gestaffelt in Kraft (Art. 111, 113):

- 2. Februar 2025: AI-Systeme mit unannehmbarem Risiko sind verboten.
- 2. August 2025: Inkrafttreten der Vorschriften für AI mit allgemeinem Verwendungszweck.
- 2. August 2026: Regeln für Hochrisikosysteme nach Anhang III treten in Kraft.
- 2. August 2027: Vorschriften für Hochrisikosysteme nach Anhang I treten in Kraft.
- Allerdings gelten für Hochrisikosysteme, die vor dem 2. August 2026 in Verkehr gebracht werden, **Übergangsfristen** bis 2030.

2.1.3 Pflichten bei hochriskanten AI-Anwendungen

Die Pflichten bei hochriskanten AI-Anwendungen machen den Großteil des AI-Acts aus (Art. 8 bis 27, 43 AI-Act). Die Pflichtenlast ist hoch und nur schwer zu erfüllen. Bei den konkreten Use Cases wird insbesondere nach Wegen gesucht, den Hochrisiko-Bereich zu vermeiden. Pflichten bei Hochrisikoanwendungen sind:

- Pflichten für **Anbieter** im Hinblick auf die **Entwicklung** (Kap. III, Abs. 2):

  – **Risikomanagementsystem** (Art. 9): ein iterativer Prozess, der dokumentiert werden muss.
  – **Data Governance** (Art. 10): Trainings-, Validierungs- und Testdatensätze müssen bestimmten Qualitätskriterien entsprechen (keine Verzerrungen **(Bias)**, Schutz persönlicher Daten etc.)
  – **Technische Dokumentation** der Anwendung (Art. 11 und Anhang IV). Die Anforderungen an die Dokumentation in Anhang IV sind extrem detailliert.
  – Aufzeichnungen (Art. 12): Jede **Verwendung** muss mit Datum, Uhrzeit, Eingabedaten und der Identität der Betreiber automatisch **protokolliert** werden, sodass das Funktionieren rückverfolgbar ist.
  – Transparenz und Bereitstellung von Informationen für die Betreiber (Art. 13) im Hinblick auf deren Pflichten
  – Menschliche Aufsicht muss möglich sein (Art. 14)
  – „Angemessenes Maß" an Genauigkeit, Robustheit und Cybersicherheit (Art. 15)

- Pflichten für **Anbieter** in Hinblick auf Inverkehrbringen und Betrieb (Kap. III, Abs. 3):

  – Allgemeine Pflichten (Art. 16), u. a.

    Ausstellung einer **EU-Konformitätserklärung** (Art. 47)
    Anbringung der **CE-Kennzeichnung** zur Anzeige der Konformität (Art. 48)
    Vor dem Inverkehrbringen: **Registrierung des KI-Systems** in einer von der Kommission geführten EU-Datenbank (Art. 49, 71 und Anhang VIII).

  – Qualitätsmanagementsystem (Art. 17)
  – Führung der Dokumentation (Art. 18)
  – Aufbewahrung automatisch erstellter Protokolle (Art. 19)
  – Korrekturmaßnahmen und Informationspflicht (Art. 20)
  – Zusammenarbeit mit den zuständigen Behörden (Art. 21)
  – Bei Bonitätsbewertung und bei Risikobewertung für Kranken- und Lebensversicherung ist **Grundrechtsfolgenabschätzung** erforderlich (Art. 27)
  – System zur **Beobachtung** des Hochrisikosystems nach dem Inverkehrbringen (Art. 72)

- Art. 24 regelt Pflichten der Händler, Art. 26 Pflichten der Inverkehrbringer von KI-Systemen mit hohem Risiko.
- Pflichten der **Betreiber** von KI-Systemen mit hohem Risiko (Art. 26), die eher knapp gehalten sind:

  - Die Betreiber müssen die Systeme gemäß der **Betriebsanleitung** von **kompetentem Personal** bedienen und beaufsichtigen lassen;
  - Die Betreiber müssen dafür sorgen, dass die Eingabedaten der Zweckbestimmung des Hochrisiko-KI-Systems entsprechen und ausreichend „repräsentativ" sind. Der AI-Act unterscheidet „Eingabedaten" (die in ein KI-System eingespeisten oder von diesem direkt erfassten Daten, auf deren Grundlage das System eine Ausgabe hervorbringt, Art. 3, Ziff. 33) von „Trainingsdaten" (Daten, die zum Trainieren eines KI-Systems verwendet werden, wobei dessen lernbare Parameter angepasst werden, Art. Ziff. 29). Es ist unklar, warum Eingabedaten repräsentativ sein sollen bzw. wie sie es überhaupt sein können. Gemeint ist wohl, dass die Betreiber keine Eingabedaten verwenden sollen, die das KI-Modell gezielt zu Fehlern verleiten („adversarial examples" oder „model evasions"), vgl. Art. 15 Abs. 5.
  - Betreiber müssen **Probleme** mit der Anwendung dem Anbieter melden, **schwerwiegende Vorfälle** (Tod, Verletzung, schwerwiegende Grundrechtsverletzungen) auch den Behörden.
  - Bei Einsatz von Hochrisikosystemen am Arbeitsplatz müssen ArbG den **Betriebsrat** und die ArbN darüber informieren.

Durch einen Vergleich der Anbieter-Pflichten mit den Betreiber-Pflichten sollte klar werden, warum die Abgrenzung der beiden Rollen so entscheidend ist: Rutscht der Betreiber in die Anbieterrolle, so unterliegt er auf einmal einer enorm gesteigerten Pflichtenlast, die er nicht erfüllt hat und auch kaum erfüllen kann. Die Folge können Bußgelder und Haftungsansprüche sein.

Generelle Lösungsansätze sind die Vermeidung von Hochrisiko-Systemen, insbesondere durch Zwischenschaltung menschlicher Entscheider („**Man in the Middle**"). Dazu mehr in den einzelnen Use Cases.

2.2   Datenschutz

Die Datenschutzgrundverordnung der EU (DSGVO) gilt für die automatisierte Verarbeitung personenbezogener Daten (Art. 2), also immer dann, wenn AI-Anwendungen personenbezogene Daten verarbeiten. Die DSGVO hat das Bundesdatenschutzgesetz weitgehend verdrängt (§ 1 Abs. 5 BDSG). Personenbezogene Daten **(Personal Identifiable Information, PPI)** sind alle Informationen, die sich auf eine identifizierte oder **identifizierbare natürliche Person (Mensch) beziehen** (Art. 4). Gemäß Art. 5 DSGVO muss die Verarbeitung von personenbezogenen Daten:

- rechtmäßig (siehe Art. 6), nach Treu und Glauben und transparent sein,
- für festgelegte, eindeutige und legitime Zwecke erfolgen,
- dem Zweck angemessen sein und auf das notwendige Maß beschränkt sein („Datenminimierung"),
- die Daten müssen richtig sein und gegebenenfalls korrigiert werden.
- die Speicherzeit muss begrenzt sein.

Die Verarbeitung ist nur rechtmäßig (Art. 6), wenn (alternativ):

- die betroffene Person für den jeweiligen Zweck ihre **Einwilligung** erteilt hat;
- sie für den **Vertragszweck erforderlich** ist;
- sie zur Erfüllung einer rechtlichen Verpflichtung erforderlich ist;
- für **lebenswichtige Interessen** der betroffenen Person oder anderer Personen erforderlich ist; oder
- die Wahrung für berechtigte Interessen des Verantwortlichen, sofern nicht die Grundrechte der betroffenen Person überwiegen **(Abwägung).**

Weitere Pflichten des Verantwortlichen sind:

- Genaue und **transparente Information** der betroffenen Person über die Verarbeitung (Art. 12)
- **Auskunft** über gespeicherte Daten und Verarbeitungszwecke (Art. 15)
- Auf Wunsch des Betroffenen **Löschung und Berichtigung** der Daten (Art. 16 ff.)
- **Technische und organisatorische Maßnahmen (TOMs)** zum Schutz der Daten erforderlich (Art. 32)
- **Verzeichnisse aller Verarbeitungstätigkeiten (VVT)** führen (Art. 30)
- bei hohem Risiko, insbesondere durch neue Technologie: Erstellung einer **Datenschutz-Folgeabschätzung** (Art. 31). Dies dürfte bei AI häufig erforderlich sein.
- Werden Dritte im Auftrag tätig: **Auftragsdatenvereinbarungsvertrag (AVV)** nach Art. 28 erforderlich.

Die Hürden für die Verarbeitung von persönlichen Daten sind also sowohl nach AI-Act als auch nach DSGVO hoch. Generelle Strategien für den rechtmäßigen Betrieb sind hier:

- Soweit wie möglich keine persönlichen Daten verwenden (Pseudonymisierung, Anonymisierung);
- Einwilligung einholen.

2.3 Weitere Gesetze

Ein Problem im relativ neuen AI-Recht ist, dass schwer zu sagen ist, welche weiteren Gesetze durch AI-Anwendungen tangiert sind. Da durch AI Tätigkeiten der menschlichen Intelligenz auf Software ausgelagert werden, kommen alle Gesetze infrage, die auch die jeweilige menschliche Tätigkeit regeln. Hier werden besprochen:

- Gesetze zum geistigen Eigentum: Urheberrechtsgesetz, Markengesetz, Designgesetz
- AI Liability Directive (Entwurf) im Hinblick auf Haftung für AI. Letzter Stand ist allerdings, dass der Entwurf vorläufig zurückgezogen wurde;
- Gesetz zum Schutz der Geschäftsgeheimnisse (GeschGehG)
- Allgemeines Gleichbehandlungsgesetz (AGG) in Hinblick auf HR;
- Bundesrechtsanwaltsordnung (BRAO) im Hinblick auf Rechtsberatung;
- Kapitaladäquanzverordnung (CRR) im Hinblick auf Kreditausfälle.

Die Relevanz dieser Gesetze wird erst bei den konkreten Use Cases dargelegt, um den allgemeinen Teil nicht zu überlasten.

AI-Anwendungen 3

Im Folgenden werden typische AI-Anwendungen im Unternehmen jeweils auf Konformität mit dem AI-Act, dem Datenschutz, dem Recht des geistigen Eigentums und weiteren Gesetzen geprüft und dabei existierende Rechtsstreitigkeiten erklärt und eingeordnet.

Die Anwendungsfälle sind dabei als *pars pro toto* zu betrachten: Aus der Anwendung der Gesetze auf einen Use Case sollte auch die Anwendung für verwandte Fälle klar werden. Eine umfassende Anwendung aller Gesetze auf alle möglichen Szenarien würde jedes Format sprengen, insbesondere da sich die Möglichkeiten von AI ständig erweitern.[1]

3.1 Allgemeines: KI-Kompetenz, KI-Richtlinien, Allgemeine Anwendungen

3.1.1 Aufbau KI-Kompetenz

Art. 4 AI-Act legt die Verpflichtung zur Herstellung von KI-Kompetenz **unabhängig von der Risikoklasse** fest: Anbieter und Betreiber von KI-Systemen müssen Maßnahmen ergreifen, um nach besten Kräften sicherzustellen, dass ihr Personal und andere Personen, die in ihrem Auftrag mit dem Betrieb und der Nutzung von KI-Systemen befasst sind, über ein ausreichendes Maß an KI-Kompetenz verfügen, wobei ihre technischen Kenntnisse, ihre Erfahrung, ihre Ausbildung und Schulung und der Kontext, in dem die KI-Systeme eingesetzt werden sollen, sowie

---

[1] Für eine umfangreiche Liste von Einsatzmöglichkeiten siehe Rohrlich (2024), Ziffer 1.4.

die Personen oder Personengruppen, bei denen die KI-Systeme eingesetzt werden sollen, zu berücksichtigen sind.

Art. 3 Nr. 56 definiert **KI-Kompetenz** als die Fähigkeiten, die Kenntnisse und das Verständnis, die es Anbietern, Betreibern und Betroffenen unter Berücksichtigung ihrer jeweiligen Rechte und Pflichten im Rahmen dieser Verordnung ermöglichen, KI-Systeme sachkundig einzusetzen sowie sich der **Chancen und Risiken** von KI und **möglicher Schäden,** die sie verursachen kann, bewusst zu werden.

Erste und einfachste Maßnahme ist die Einführung von **Online-Schulungen,** für die es mittlerweile eine Vielzahl von Anbietern gibt. Sinnvoll ist es z. B., beim jeweiligen Industrieverband nachzusehen, sodass die Schulung zumindest ansatzweise auf den jeweiligen Unternehmenszweck zugeschnitten ist. Spezifischere interne Schulungen können im Teamwork von Legal, HR und IT entwickelt werden. Für Spezialfälle und Grey Areas empfiehlt es sich, externe Berater hinzuzuziehen.

Checkliste KI-Kompetenz
- Online-Schulungen als Erstmaßnahme durchgeführt?
- Interne Schulungen für spezifische Situationen des Unternehmens von Legal, HR und IT erstellt?
- Schulungen für Spezialfälle und Grey Areas mit externen Beratern abgestimmt?

3.1.2 KI-Unternehmens-Richtlinien

Die Pflicht, eine unternehmensinterne Richtlinie zur Nutzung von KI aufzustellen, folgt zumindest indirekt aus dem Gebot der KI-Kompetenz (Art. 4 AI-Act), ist aber auf jeden Fall empfehlenswert: Die Chancen und Risiken der KI-Nutzung werden durch die Richtlinie in verbindliche Regelungen für die Mitarbeiter gegossen und ihnen bekannt gemacht. Bei der Aufstellung ist der Betriebsrat miteinzubinden. Großbetriebe stellen ihre KI-Richtlinien gelegentlich online, sodass man sich dort „inspirieren" lassen kann.

Checkliste KI-Unternehmensrichtlinie[2]
- Erklärung des Begriffs KI und der Funktionsweise von KI (Ziffer 1)
- Pflicht zum Aufbau von KI-Kompetenz (Ziffer 3.1.1)
- Auflistung von KI-Anwendungsfällen/Use Cases und Umgang damit (Ziffer 3)

---

[2] Vgl. auch Rohrlich (2024), Ziffer 6.2.

- Erlaubte und verbotene KI-Tools mit Anwendungshinweisen
- Details zur Installation/Registrierung von KI-Tools: Nur über IT, Firmen-Account, privater Account (nicht empfohlen)?
- „Human in the Middle"-Policy (Ziffern 3.2, 3.3)
- Behandlung sensibler Informationen/**Geschäftsgeheimnisse** von Unternehmen und Kunden im Zusammenhang mit KI (Ziffer 3.1.3, 3.5)
- Grundlagen des Schutzes des geistigen Eigentums (Urheberrecht, Markenrecht, Designschutz, Persönlichkeitsrechte, Ziffer 3.6)
- Grundlagen der DSGVO im Zusammenhang mit KI, insbesondere Pflicht zur Erstellung von **Verzeichnissen der Verarbeitertätigkeit (VVT)** und **Abschluss von Auftragsdatenverarbeitungsverträgen (AVV)** (Ziffern 3.2, 3.5)
- **Kennzeichnung** KI-generierter Inhalte (Ziffer 3.6)
- Pflicht zur Aufstellung einer **Datenschutzfolgeabschätzung**[3] und Grundrechte-Folgeabschätzung

3.1.3 Nutzung von LLMs allgemein: Schutz von Geschäftsgeheinissen

Meist wird ein Unternehmen seinen Mitarbeitern die Nutzung von LLMs erlauben. Ein generelles Problem dabei ist der **Schutz von Geschäftsgeheimnissen.** Dazu ein erster Fall:

Beispiel

Das Technologie-Unternehmen Samsung erlaubte seinen Ingenieuren die Nutzung von ChatGPT zur Unterstützung ihrer Arbeit. Die Mitarbeiter gaben dabei geschützten Quellcode (Source Code) zur Fehlersuche (Debugging) ein. Ferner wurden vertrauliche Konferenzprotokolle zur Erstellung von Präsentationen eingegeben. Schließlich wurden Audio-Mitschnitte von internen Konferenzen mittels ChatGPT transkribiert. Was die Mitarbeiter offensichtlich nicht wussten: ChatGPT nutzt gemäß seinen Voreinstellungen die Eingaben der Nutzer nicht nur, um Antworten zu generieren, sondern auch, um sein KI-System wei-

---

[3] Die Datenschutzkonferenz (DSK) hat eine Blacklist von Anwendungen aufgestellt, bei denen das notwendig ist, siehe DSK (2019). AI-Anwendungen sind davon häufig betroffen.

ter zu trainieren, was in den Terms of Services offengelegt wird. Das bedeutet, dass OpenAI (der Anbieter von ChatGPT) eine Lizenz erwarb, die Geschäftsgeheimnisse von Samsung mittels des Trainings seines LLM an Dritte weiterzugeben. Als das bekannt wurde, blockte Samsung ChatGPT vollständig und suchte nach Alternativen. ◄

Es war eine Zeit lang ein Sport, interne Informationen von Großunternehmen bei ChatGPT nachzufragen, in der Hoffnung, dass naive Mitarbeiter dort Businesspläne etc. preisgegeben hatten. Inwieweit das wirklich funktionierte, ist unklar, aber allein die Möglichkeit ist erschreckend. Wie aber ist die Rechtslage?

Geschäftsgeheimnisgesetz (GeschGehG)
Nach § 1 GeschGehG darf ein Geschäftsgeheimnis nicht nutzen oder offenlegen, wer gegen eine Verpflichtung verstößt, das Geschäftsgeheimnis nicht offenzulegen. Ein Geschäftsgeheimnis ist eine Information, die a) weder allgemein bekannt noch ohne Weiteres zugänglich ist und daher von wirtschaftlichem Wert ist, b) die Gegenstand von den Umständen nach angemessener Geheimhaltungsmaßnahmen durch ihren rechtmäßigen Inhaber ist und c) bei der ein berechtigtes Interesse an der Geheimhaltung besteht.

Informationen, die Geschäftspartner in einer Geschäftsbeziehung preisgeben, werden praktisch immer Geschäftsgeheimnisse sein. Der Abschluss einer Vertraulichkeitsvereinbarung (**Non-Disclosure Agreement, NDA**) ist Standard schon bei der Anbahnung einer Geschäftsbeziehung. Ferner wird gewöhnlich in der **Privacy Policy/PP** Kunden Vertraulichkeit garantiert. Ein Data Leak wäre somit sowohl eine Vertragsverletzung des Unternehmens als auch eine Verletzung von § 4 GeschGehG, die zum Schadensersatz verpflichten kann, vom Imageschaden ganz zu schweigen.

Aber auch die Mitarbeiter haben in der Regel als Teil ihres Arbeitsvertrags ein NDA zugunsten ihres Arbeitgebers abgeschlossen. Falls sie interne Geschäftsgeheimnisse, Geschäftsgeheimnisse von Kunden oder persönliche Daten von Kunden oder anderen Mitarbeitern bei ChatGPT eingeben, ist das eine Verletzung ihres NDAs mit dem Arbeitgeber und kann Abmahnung und Kündigung zur Konsequenz haben.

DSGVO
Sofern persönliche Daten von Konsumenten oder anderen Mitarbeitern bei ChatGPT eingegeben werden, ist dies eine Verletzung der DSGVO. Die Konsumenten und Kollegen haben bestimmt keine Einwilligung erteilt, dass ChatGPT

ihre Daten zu Trainingszwecken nutzt, und andere Grundlagen für die Weitergabe nach Art. 6 Abs. 1 DSGVO sind nicht ersichtlich. Die Vertrags- und Haftungsbeziehungen stellen sich damit wie folgt dar (Abb. 3.1): Zunächst sei festgestellt: **„Die AI" selbst haftet nie.** Sie hat keine Rechtspersönlichkeit, sondern ist nur Software. Haften können nur natürliche Personen (Menschen) und juristische Personen (Unternehmen), insbesondere Anbieter und Betreiber von AI-Systemen.

Der ArbG (Betreiber) muss daher seine Mitarbeiter über die Funktionsweise von ChatGPT und die Rechtslage aufklären. Die Mitarbeiter müssen ermahnt werden, keine internen und externen Geschäftsgeheimnisse sowie keine PII bei ChatGPT oder anderen öffentlichen LLMs preiszugeben. Bei ChatGPT müssen die Voreinstellungen geprüft und die höchste Sicherheitsstufe eingestellt werden. Idealerweise sollte eine geschützte, eigene Instanz eines LLMs genutzt werden, bei der interne Daten keinesfalls an Dritte preisgegeben werden können.

> ▶ **Wichtig** Wie immer gilt: Nichts ist umsonst. Wer „kostenlose" AI-Anwendungen nutzt, zahlt in der Regel mit seinen Daten. Unternehmen ist dringend zu (in der Regel kostenpflichtigen) KI-Systemen zu raten, deren Anbieter garantieren, Geschäftsgeheimnisse und persönliche Daten zu schützen.

Checkliste Nutzung LLMs allgemein
- Öffentlich zugängliche LLMs (z. B. ChatGPT) erlaubt oder nur bestimmte geschützte und kostenpflichtige „professionelle" LLMs (empfohlen)?
- Mitarbeiter ermahnt, keine Geschäftsgeheimnisse, kein geistiges Eigentum und keine PII preiszugeben?
- Höchste Sicherheitseinstellungen ausgewählt?

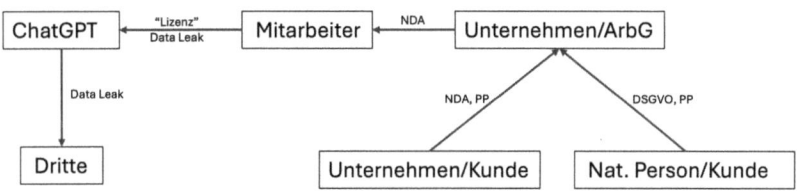

Abb. 3.1 Data Leak via ChatGPT. (Quelle: eigene Darstellung)

3.1.4 Transkription von Videokonferenzen, automatisch generierte Verträge

Es ist inzwischen beliebt geworden, Telefon- und Videokonferenzen aufzuzeichnen und mittels AI-Anwendungen zu transkribieren. So kann der Inhalt der Konferenz Dritten zur Verfügung gestellt werden, die an der Konferenz nicht teilgenommen haben. Teilweise soll das Transkript mit AI-Anwendungen auch weiterbearbeitet werden, z. B. soll eine Zusammenfassung der Konferenz erstellt werden, weil die wenigsten stundenlange wörtliche Gesprächsprotokolle lesen wollen. Sehr im Trend liegen auch AI-Anwendungen, die mündliche oder per E-Mail geführte Vertragsverhandlungen direkt in einen Vertragsentwurf umwandeln, der dann idealerweise gleich im Anschluss an die Verhandlungen unterzeichnet wird.

Hier ist zunächst § 201 StGB zu beachten: Mit **Freiheitsstrafe bis zu drei Jahren** oder mit Geldstrafe wird bestraft, wer **unbefugt** 1. das **nichtöffentlich** gesprochene Wort eines anderen auf einen Tonträger **aufnimmt** oder 2. eine so hergestellte Aufnahme gebraucht oder einem Dritten zugänglich macht. Ein bei Telefon- oder Videokonferenzen mit anderen Mitarbeitern oder Geschäftspartnern gesprochenes Wort ist nichtöffentlich. Entscheidend sind die Abgeschlossenheit des Zuhörerkreises und die Kontrollmöglichkeit über die Reichweite der Äußerung.[4] Allerdings entsteht die Strafbarkeit nur bei Unbefugtheit der Aufnahme, die durch eine **Einwilligung aller Gesprächsteilnehmer** beseitigt wird. Die meisten Konferenzsysteme (z. B. Teams) erlauben die Aufzeichnung und Transkription und blenden beim Beginn der Aufzeichnung die Möglichkeit ein, der Aufzeichnung zu widersprechen. Wird nicht widersprochen und wird dies mitaufgezeichnet, sollte das ausreichend für eine befugte Aufzeichnung sein.

Bei der Aufzeichnung und Transkription sind allerdings folgende Nachteile und Risiken zu beachten:

- Bei **internen Konferenzen** wird eine Transkription dazu führen, dass die Teilnehmer mit ihren Aussagen erheblich vorsichtiger sein werden, weil diese Aussagen ja „gegen sie verwendet werden könnten". Der mögliche Vorwurf „Das haben Sie in der Konferenz aber genau so gesagt!", kann Offenheit und Kreativität erheblich behindern. Daher sollte genau überlegt werden, was der Zweck der Konferenz ist, und ob der Zweck durch die Transkription gefördert oder behindert wird.

---

[4] OLG Düsseldorf, Urteil vom 4.11.2022, Az. 3 RVs 28/22.

- Bei **transkribierten Vertragsverhandlungen** oder AI-generierten Vertragsentwürfen besteht ein Problem, das den wenigsten Nichtanwälten klar sein wird: **das Risiko, dass ungewollt der Vertrag bereits mündlich abgeschlossen wurde.**
  - In mündlichen Vertragsverhandlungen wird der Satz „Dann haben wir einen Deal!" häufig sehr großzügig verwendet. Meist ist damit lediglich gemeint: „Wir haben jetzt wirtschaftliche Eckdaten, die durch die Rechtsabteilungen nach längeren Verhandlungen in einen schriftlichen Vertrag gegossen werden, der dann nach Absolvierung der internen Genehmigungsverfahren von den jeweils bevollmächtigten Vertretern abgeschlossen wird." Häufig gibt es in Wirklichkeit nicht einmal eine Übereinstimmung über wirtschaftliche Eckdaten, weil man aneinander vorbeigeredet hat, Overselling betrieben hat, noch gar nicht richtig in der Sache war etc. Das ist bei mündlichen Verhandlungen selten ein Problem, weil der angebliche Deal nicht wirklich ernst genommen wird und vor allem nicht beweisbar ist: Es steht ja Aussage gegen Aussage.
  - Anders ist dies bei mündlichen Verhandlungen, die dann per AI transkribiert und eventuell auch noch in einen Vertrag konvertiert werden. Erstens wird man hier noch gewohnt sein, dass der mündliche „Deal" noch kein rechtlich bindender ist. Zweitens haben beide Parteien der Aufzeichnung, Transkription und Konvertierung in einen Vertrag ja zugestimmt (nochmal: alles andere wäre nach § 201 StGB strafbar und ein Verstoß gegen die DSGVO), sodass eigentlich ein Rechtsbindungswille angenommen werden kann. Dass man sich hier auf einen „Deal" einigen soll, der aber noch nicht bindend sein soll, ist eine rechtliche Gratwanderung. Es hilft nur eine **vorherige ausdrückliche Vereinbarung,** dass der **Inhalt der mündlichen Vertragsverhandlungen rechtlich nicht bindend** sein soll, und erst ein beidseitig unterschriebener Vertrag die Bindungswirkung herstellt.

Man kann jedenfalls darauf wetten, dass Fälle, bei denen beide Verhandlungspartner einer AI-gestützten Transkription der mündlichen Verhandlung oder sogar einer Konvertierung der Verhandlungen in einen Vertrag zugestimmt haben, von der sich dann eine Partei nachträglich lösen will, demnächst vor Gericht landen.

Checkliste für Aufzeichnung, Transkription und Konvertierung von Telefonkonferenz/Videokonferenz/Vertragsverhandlungen
- **Verzeichnis von Verarbeitungstätigkeiten** nach DSGVO angelegt? Das VVT muss auch Angaben über den Zweck der Aufzeichnung, Löschfristen etc. enthalten

- **Einwilligung** aller Teilnehmer eingeholt und gespeichert? Nach DSGVO muss auch in den **Zweck** der Aufzeichnung eingewilligt werden, d. h. gegebenenfalls in die Transkription, Zusammenfassung und Konvertierung in einen Vertragsentwurf
- Bei Vertragsverhandlungen: Vorbehalt vereinbart, dass der **Gesprächsinhalt rechtlich nicht bindend** ist?

3.2   HR – Candidate Screening und Mitarbeiterbeurteilungen

Typische Anwendungen von AI im Personalbereich sind Bewerberauswahlverfahren **(Candidate Screening)** und **Mitarbeiterbeurteilungen.** Folgender Fall ist lehrreich, auch wenn er sich in den USA abspielte:

Beispiel

Im Fall Mobley v. Workday[5] hatte sich ein über 40 Jahre alter afroamerikanischer IT-Fachmann über 100 Mal bei Unternehmen beworben, die die HR-Software Workday nutzten und jedes Mal eine Absage erhalten. Viele Ablehnungen erfolgten auffallend schnell, teils mitten in der Nacht, nur wenige Minuten oder Stunden nach Versand der Bewerbung. Mobley erhielt z. B. um 1:50 Uhr nachts, lediglich 55 min nach seiner Bewerbung um 12:55 Uhr, eine automatische Absage. Mobley klagte gegen Workday als „Agent" der Arbeitgeber. Im Mai 2025 wurde aus der Klage eine Sammelklage. Workday selbst schätzt, dass potenziell „hunderte Millionen" Personen betroffen sein könnten. ◄

Könnte sich Ähnliches auch hierzulande abspielen? Ja: Zusätzlich zu Verstößen gegen AI-Act und DSGVO könnte auch ein Verstoß gegen das Allgemeine Gleichbehandlungsgesetz (AGG) vorliegen. Ziel des Gesetzes ist es, **Benachteiligungen** aus Gründen der **Rasse** oder wegen der ethnischen Herkunft, des **Geschlechts,** der **Religion** oder Weltanschauung, einer **Behinderung,** des **Alters** oder der **sexuellen Identität** zu verhindern oder zu beseitigen (§ 1). Beschäftigte dürfen nicht wegen eines in § 1 genannten Grundes benachteiligt werden (§ 7 Abs. 1). Als Beschäftigte

---

[5] United States District Court for the Northern District of California, Mobley v. Workday, Inc., 740 F.Supp.3d 796 (2024). Vgl. zum Hintergrund Nomerowskaja, Anastasia (2025).

gelten auch die Bewerberinnen und Bewerber für ein Beschäftigungsverhältnis (§ 6 Abs. 1). Wenn die Bewerberin oder der Bewerber Indizien beweist, die eine Benachteiligung wegen eines in § 1 genannten Grundes vermuten lassen, trägt der Arbeitgeber die **Beweislast** dafür, dass kein Verstoß gegen die Bestimmungen zum Schutz vor Benachteiligung vorgelegen hat (§ 22).

Sowohl Workday selbst als auch Arbeitgeber (ArbG), die Workday verwendet haben, würden bei einer solchen Sachlage hierzulande wegen AI-Act, AGG und DSGVO vor massiven Problemen stehen:

AI-Act

KI-Systeme, die bestimmungsgemäß für die Einstellung von Arbeitnehmern verwendet werden sollen, insbesondere um Bewerbungen zu sichten oder zu filtern und Bewerber zu bewerten, sind grundsätzlich **Hochrisikosysteme** (Art. 6 Abs. 2 AI-Act, Anhang III Ziffer 4 lit. a).

Allerdings könnte noch die wichtige Ausnahme in Art. 6 Abs. 3 einen Ausweg bieten: Ein in Anhang III genanntes KI-System gilt **nicht** als **hochriskant,** wenn es kein erhebliches Risiko der Beeinträchtigung in Bezug auf die Grundrechte birgt, indem es das **Ergebnis der Entscheidungsfindung nicht wesentlich beeinflusst.** Konkrete Beispiele sind:

• Das KI-System ist dazu bestimmt, Entscheidungsmuster oder Abweichungen von früheren Entscheidungsmustern zu erkennen, und ist nicht dazu gedacht, die zuvor abgeschlossene menschliche Bewertung ohne eine angemessene menschliche Überprüfung zu ersetzen oder zu beeinflussen (lit c), d. h. es geht um die **Überprüfung** des Bewerbungsprozesses; oder
• Das KI-System ist dazu bestimmt, eine **vorbereitende Aufgabe für eine Bewertung** durchzuführen, die für die Zwecke der in Anhang III aufgeführten Anwendungsfälle relevant ist (lit. d).

Die Sachlage wäre also ganz anders, wenn ein Mitarbeiter der Personalabteilung auf Ablehnung entschieden hätte, nachdem die AI nur Kriterien vorgeschlagen und eventuell bewertet hätte. Der Mitarbeiter kann dann immer noch die Kriterien akzeptieren oder ablehnen und akzeptierte Kriterien gewichten. Nur: Wer soll glauben, dass ein Mitarbeiter dazwischengeschaltet war, wenn die Ablehnung nachts und nach nur ein paar Minuten kommt?

Wer ist hier aber überhaupt **Anbieter** und **Betreiber?** Workday hat das System entwickelt und war grundsätzlich Anbieter. Aber ein ArbG könnte auf mehrere Weise Anbieter geworden sein:

- Wenn der ArbG die Workday-AI mit seinem Namen/Marke versehen hat
  (Art. 25 Abs. 1 lit. a). Das wäre der Fall, wenn die AI als sog.
  White- oder Grey-Label-Lösung genutzt wurde, was bei HR-Systemen häufig ist.
  Bei einer **White-Label**-Anwendung wird die Anwendung vollständig in das System des Betreibers integriert und ist von außen nicht als Drittsystem erkennbar. Bei **Grey-**
  Label-Anwendungen ist das Branding des Betreibers dominant, aber es bleibt
  ein Hinweis vorhanden, dass im Hintergrund Drittsoftware arbeitet (häufig lau-
  tet der kleingedruckte Hinweis dann: „powered by …"). Es kommt also darauf
  an, wie genau sich das Bewerber-Screening-System inklusive der entsprechenden E-Mails gegenüber dem Bewerber dargestellt hat.
- Wenn der ArbG eine **wesentliche Veränderung** an der Workday-AI vor-
  genommen hat. Eine „wesentliche Veränderung" ist eine Veränderung eines
  KI-Systems nach dessen Inverkehrbringen oder Inbetriebnahme, die in der vom
  Anbieter durchgeführten ursprünglichen Konformitätsbewertung nicht vorgese-
  hen oder geplant war und durch die die Konformität des KI-Systems mit den
  Anforderungen in Kapitel III Abschnitt 2 beeinträchtigt wird oder die zu einer
  Änderung der Zweckbestimmung führt, für die das KI-System bewertet
  wurde (Art. 3 Nr. 23). Hier soll die Kommission noch Leitlinien erarbeiten
  (Art. 96 Abs. 1 lit. c). Der Fall könnte aber schon vorliegen, wenn der Betreiber
  eine „human in the middle"-Anwendung vollautomatisiert hat, was kein sonder-
  lich hoher Aufwand ist.
- Wenn der ArbG das AI-System **(mit-)entwickelt** hat. Diese Möglichkeit mag
  überraschend klingen, aber man muss sich klarmachen, was es überhaupt heißt,
  KI-Systeme zu entwickeln:
  - Es gibt zahlreiche Open-Source-Software für die neuronalen Netze selbst
    (z. B. LLaMA von Meta, Mixtral von Mistral etc.). Diese KI-Modelle kön-
    nen ohne Training allerdings erst einmal nichts, daher sind sie meist vor-
    trainiert. Es ist aber klar, dass auch die AI-Entwickler, die diese Modelle in
    KI-Systemen verwenden, Anbieter sind.[6] Es geht also im Wesentlichen um
    das (weitere) Training. Dann ähnelt dieser Fall aber dem Workday-Fall.

---

[6]Vgl. dazu auch Erwägungsgrund 110: „Im Falle einer Änderung oder Feinabstimmung
eines Modells sollten die Pflichten der Anbieter von KI-Modellen mit allgemeinem Verwendungszweck auf diese Änderung oder Feinabstimmung beschränkt sein, indem bei-
spielsweise die bereits vorhandene technische Dokumentation um Informationen über die
Änderungen, einschließlich neuer Trainingsdatenquellen, ergänzt wird." Hier wird ganz
selbstverständlich davon ausgegangen, dass Feinabstimmung (engl. fine-tuning) Anbieter-
pflichten auslöst.

- Es ist zu vermuten, dass Workday ein vortrainiertes System liefert, das dann mit Daten der Arbeitgeber angereichert wird oder zumindest angereichert werden kann (im Workday-Fall selbst ist genau dieser Punkt umstritten). Es gibt ja keinen „ansich" passenden Kandidaten, sondern nur einen zu einem bestimmten Arbeitgeber bzw. zu einer bestimmten Stelle passenden Kandidaten.
- Der AI-Act gibt wenig Auskunft darüber, was genau „Entwicklung" eines AI-Systems bedeutet. Er benutzt aber an zwei Stellen die Begriffe „vortrainierte Komponenten" (Art. 15 Abs. 5) und „vortrainierte[r] Systeme[n]" (Anhang IV, Ziff. 2 a) und beides Mal bei Pflichten des Anbieters. D. h. **Anbieter kann auch sein, wer vortrainierte Systeme mit eigenen Trainingsdaten weitertrainiert.** Damit wird die Abgrenzung zwischen Anbieter und Betreiber flüssig. Es ist anzunehmen, dass die Gerichte hier einiges zu tun bekommen.

Durch Weiter-Trainieren (**Finetuning**) kann der Betreiber also durchaus zum Entwickler, d. h. zum Anbieter aufrücken.[7] Sollte der ArbG als Anbieter qualifiziert werden und auch die „Human in the Middle"-Ausnahme nicht greifen, muss der ArbG den ganzen Katalog an Anbieter-Pflichten erfüllen, die für Hochrisikosysteme gelten. Insbesondere die Data Governance wird Probleme bereiten: Der ArbG muss beweisen, dass in den Trainingsdaten kein Bias vorlag. Wenn aber Menschen eines bestimmten Alters oder einer bestimmten Rasse immer abgelehnt werden, spricht einiges dafür, dass der Bias schon in den Trainingsdaten vorlag.

AGG
Da der Bewerber Indizien vorweisen kann, die eine Benachteiligung wegen Rasse und Alter vermuten lassen (über 100 Ablehnungen), trägt der ArbG die **Beweislast** dafür, dass kein Verstoß gegen die Bestimmungen zum Schutz vor Benachteiligung vorgelegen hat (§ 22 AGG). Nur: Wie will er das bei einem AI-System machen? Hier schlägt das **Blackbox-Problem+** durch: Man weiß nicht, wie genau die AI ihre Entscheidungen fällt, man weiß (hoffentlich) nur, mit welchen Daten sie trainiert wurde, welche Daten eingegeben wurden und was das Ergebnis ist. Der Beweis lässt sich also nur indirekt führen. Es muss bewiesen werden:

---

[7] Die erheblichen Unklarheiten beim Finetuning sind zahlreichen Kommentatoren aufgefallen, z. B. Bitkom (2024), S. 37 f., 40f.

- dass in den **Trainingsdaten** (von Workday und/oder dem ArbG) kein Bias vorlag. Hier ist wieder die Frage, wer das AI-System mit welchen Daten trainiert hat: Lag schon im vortrainierten Modell von Workday der Bias vor oder wurde der Bias erst durch das Finetuning der ArbG erzeugt? Oder wurde sogar das Finetuning der einzelnen Arbeitgeber bei Workday wieder zu Trainingszwecken verwendet? Man weiß es nicht, da es im Workday-Fall streitig ist. Aus Arbeitgebersicht sollte die Wiederverwendung der Finetuning-Daten auf jeden Fall verhindert werden (zu diesem Problem siehe auch Ziffer 3.5).
- dass sich unter den **Eingabedaten** des ArbG keine Daten befanden, die auf Rasse, Alter etc. hindeuteten.
- dass die AI-Anwendung **in Tests** Bewerber nicht wegen der Merkmale in § 1 AGG benachteiligt.

Es ist das Zentralproblem des Falles, ob der ArbG oder Workday den Entlastungsbeweis führen könnten.

DSGVO

Der ArbG hat vermutlich gegen Art. 22 Abs. 1 DSGVO verstoßen: Betroffene haben das Recht, nicht einer ausschließlich auf einer **automatisierten Verarbeitung beruhenden Entscheidung** unterworfen zu werden, die den Betroffenen erheblich beeinträchtigt. Davon gibt es nur drei Ausnahmen (Art. 22 Abs. 2): Erforderlichkeit für Vertragsabschluss, gesetzliche Vorschrift oder ausdrückliche Einwilligung. Es ist unwahrscheinlich, dass eine solche ausdrückliche Einwilligung vorlag.

Ferner hat der ArbG gegen Art. 6 Abs. 1 DSGVO verstoßen, wenn er die Daten **ohne Einwilligung an Workday übertragen** hat. Das Bundesarbeitsgericht sprach einem Arbeitnehmer € 200 Schadensersatz zu, weil der ArbG seine Daten ohne ausreichende Einwilligung zu Testzwecken an Workday übertrug, und die Übertragung auch nicht als erforderlich angesehen wurde.[8] Wenn im vorliegenden Fall keine Einwilligung erteilt wurde, ist es sehr fraglich, ob die Gerichte den Einsatz von AI als „erforderlich" ansehen würden. Man beachte, dass auch dieses deutsche Urteil teilweise als „Workday-Fall" bezeichnet wird, aber nicht mit Mobley v. Workday identisch ist.

---

[8] Bundesarbeitsgericht, Urteil vom 8. Mai 2025, Az. 8 AZR 209/21.

Haftung

Noch einmal: **„Die AI" selbst haftet nie.** Haften können nur natürliche Personen (Menschen) und juristische Personen (Unternehmen), insbesondere Anbieter und Betreiber von AI. Es ist hier zu unterscheiden zwischen der Haftung des ArbG und der von Workday:

Der **ArbG** haftet dem Bewerber erstens aus AGG: Das AGG regelt die Haftung ausdrücklich in § 21: Bei einem Verstoß kann der Benachteiligte auf Beseitigung und Unterlassung klagen; die Ansprüche setzen kein Verschulden des Arbeitgebers voraus. Ferner kann er auf Schadensersatz klagen; dies „gilt nicht, wenn der Benachteiligende die Pflichtverletzung nicht zu vertreten hat." Der letzte Satz bedeutet eine Beweislastumkehr: Der ArbG muss zahlen, wenn er seine Unschuld nicht beweisen kann. Er kann sich auch nicht darauf berufen, dass das Verschulden allein bei Workday liegt. Erstens ist nach § 12 AGG der ArbG selbst verpflichtet, die erforderlichen Maßnahmen zum Schutz vor Benachteiligungen zu treffen. Wenn er dabei Drittsoftware einsetzt, muss er selbst deren Verlässlichkeit überprüfen. Zweitens: Selbst wenn der Bias der Software für den ArbG nicht feststellbar war (was schwer vorstellbar ist), so haftet der ArbG für das Verschulden von Workday: Laut § 278 BGB haftet ein Schuldner für Verschulden von Personen, deren er sich zur Erfüllung seiner Verbindlichkeiten bedient **(Erfüllungsgehilfe),** wie für eigenes Verschulden. Um die Anwendung von § 278 BGB sicherzustellen, legt § 7 AGG ausdrücklich fest, dass eine Benachteiligung die Verletzung vertraglicher Pflichten darstellt, obwohl im Bewerbungsstadium ja noch kein Arbeitsvertrag vorliegt.

Ferner haftet dem Bewerber der ArbG auch aus DSGVO, siehe oben.

Sollte der ArbG wegen des eventuellen Finetunings als Anbieter qualifiziert werden, so drohen Bußgelder nach Art. 99 AI-Act.

▶   Sich gegen die Haftung für die Fehlfunktion einer AI-Anwendung zu wehren mit dem Argument: „Ich war es nicht, die AI war es!", hat wenig Chancen auf Erfolg. So auch eines der ersten deutschen Urteile zu diesem Thema: Der Anwender „kann sich nicht darauf berufen, an einem vollautomatisierten Vorgang nicht beteiligt gewesen zu sein, wenn die KI-Software unzulänglich programmiert ist."[9]

Auch wenn der AI-Act selbst Haftungsfragen nicht regelt, haftet Workday gegenüber dem Bewerber aus § 823 Abs. 2 BGB i. V. m. mit dem AI-Act, wenn der **AI-Act als Schutzgesetz** angesehen wird. Urteile dazu gibt es noch nicht, es wird aber überwiegend bejaht. Eventuell haftet Workday auch aus § 823 Abs. II BGB

---

[9]LG Kiel, Urteil vom 29. Februar 2024, Az. 6 O 151/23. Hier ging es um die Veröffentlichung von falschen, AI-generierten Unternehmensdaten.

i. V. m. AGG wegen der Verletzung eines Schutzgesetzes, falls § 7 AGG als Schutzgesetz angesehen wird.[10] Workdays AI-Anwendung hat jedenfalls vermutlich
gegen den AI-Act (Art. 10 Abs. 2 lit. f: Pflicht zur Untersuchung der Datensätze auf
Bias) und das AGG verstoßen. Der Bewerber könnte wegen des **Blackbox-
Problems** allerdings Probleme haben, das für Schadensersatz erforderliche Verschulden von Workday zu beweisen. Sofern das Problem nicht schon durch die Beweislastumkehr des § 22 AGG gelöst wird, greift zumindest in Zukunft die **AI Liability Directive,** die derzeit nur im Entwurf vorliegt: Sie sieht bei der Schädigung
durch AI-Systeme vor, dass der Beklagte die Beweismittel zu einem bestimmten
Hochrisiko-System (wozu auch die Trainingsdatensätze gehören) offenlegen muss
(Art. 3 Abs. 1 des Entwurfs) und sieht die widerlegliche Vermutung eines ursäch-
lichen Zusammenhangs im Fall des Verschuldens vor (Art. 4 des Entwurfs). Eine
widerlegliche Verschuldensvermutung des AI-Anbieters oder Betreibers wie im
AGG gibt es im Entwurf jedoch nicht. Ob der Entwurf jemals umgesetzt wird, ist
derzeit ohnehin fraglich.

Workday wäre ferner dem ArbG gegenüber zum **Regress** wegen der Schadens-
ersatzansprüche des Bewerbers verpflichtet, wenn Workday den Software-
Nutzungsvertrag für die AI-Anwendung verletzt hat. Idealerweise sollte ausdrücklich **vertraglich festgelegt** werden, dass die AI-Anwendung nicht gegen den AI-
Act, das AGG und andere Anti-Diskriminierungsgesetze verstößt. Aber selbst
wenn das nicht ausdrücklich festgelegt wäre, wäre bei einem Tool für Bewerber-
Screening ein Bias ein Verstoß gegen die bestimmungsgemäße Nutzung und würde
zur Haftung führen.

Schließlich drohen dem Anbieter **Bußgelder** von bis zu 15 Mio. € oder 3 % für
Missachtungen der Anbieterpflichten des AI-Acts, insbesondere wegen Verletzung
der Daten-Governance (Art. 10, Verzerrung der Daten, Bias) und unzureichender
Information des Betreibers (Art. 13).

Bewertung des Falles

Der Workday-Fall wird zum Klassiker werden. In ihm stellen sich fast alle Fragen
des Einsatzes von AI im HR-Bereich. Wer ist Anbieter und wer ist Betreiber der AI-
Anwendung? Auf welcher Ebene (Anbieter und/oder Betreiber?) entsteht Bias und
wer ist dafür haftbar? Was macht AI überhaupt? Die Antwort lautet: Pattern Recognition. Wird die AI mit rassistischen, sexistischen etc. Material trainiert, lernt sie
diese Muster und wird dementsprechend entscheiden. Sollte Workday tatsächlich

---

[10] Offen gelassen vom Bundesarbeitsgericht, Urteil vom 21. Juni 2012, 8 AZR 188/11, Rn. 48.

1,1 Mrd. (!) Absagen versendet haben, ohne das System ein einziges Mal auf Bias getestet zu haben,[11] zeigt das einen sehr fahrlässigen Umgang mit AI und könnte ein mahnendes Beispiel für AI-Einsatz auch in der EU werden.

Es ist dringend zu raten, bei der Entscheidung über Bewerber einen Menschen zwischenzuschalten, um erstens aus dem Hochrisiko-Bereich zu kommen und zweitens verzerrte Patterns (Bias) zu bemerken und zu korrigieren. Daten zu Rasse, Geschlecht etc. sollten sowohl aus Trainingsdaten (wenn „nachtrainiert" wird) als auch aus Eingabedaten gefiltert werden, denn wo keine Daten vorliegen, kann auch kein Pattern entstehen bzw. erkannt werden. Die AI-Anwendung sollte in jedem Fall auf Bias getestet werden. Bewerber müssen ihre Einwilligung zum konkreten Prozedere (d. h. der Beurteilung durch AI) erteilen und umfassend informiert werden.

Checkliste für Bewerber-Screening
- Anbieter sorgfältig ausgewählt? Der Anbieter sollte **vertraglich garantieren,** dass kein Bias vorliegt und keine anderen einschlägigen Gesetze verletzt werden. Ferner muss ein Auftragsdatenverarbeitungsvertrag (**AVV**) abgeschlossen werden.
- Screening Tool **auf Bias überprüft?** Gegebenenfalls müssen:
  - alle geschützten Kategorien gemäß § 1 AGG aus den Trainingsdaten gefiltert werden (Trainingsseite)
  - alle geschützten Kategorien gemäß § 1 AGG aus den Bewerbungsdaten gefiltert bzw. gar nicht erst erhoben werden (Anwendungsseite)
- Arbeitnehmer und Betriebsrat über Einsatz informiert?
- Verzeichnis von Verarbeitungstätigkeiten (**VTT**) für Bewerber-Screening geführt?
- Datenschutz-Folgeabschätzung durchgeführt?
- Einwilligung für Datenverarbeitung von Bewerber erteilt?
- Einwilligung in AI-Einsatz von Bewerber erteilt?
- Bewerber gegebenenfalls über Transfer in Drittländer informiert?
- „**Human in the Middle**" vorhanden?
- Kontrollsystem vorhanden? Die Funktionsweise und Zuverlässigkeit des Tools sollten regelmäßig überprüft werden.

---

[11] Nomerowskaja, Anastasia (2025).

Mitarbeiterbeurteilung

Die Lage bei der Mitarbeiterbeurteilung durch AI-Systeme ist noch schwieriger als beim Bewerber-Screening, denn bei der Mitarbeiterbeurteilung **gilt die „Human in the Middle"-Ausnahme nicht:** Art. 6 Abs. 3 letzter Satz AI-Act legt als Rück-Ausnahme fest, dass ein KI-System nach Anhang III auch bei einem „Human in the Middle" als hochriskant gilt, wenn das System **Profiling** betreibt. Für eine Definition wird auf Art. 4 Nr. 4 DSGVO verwiesen: „Profiling ist jede Art der automatisierten Verarbeitung personenbezogener Daten, die darin besteht, dass diese personenbezogenen Daten verwendet werden, um bestimmte persönliche Aspekte, die sich auf eine natürliche Person beziehen, zu bewerten, insbesondere um Aspekte bezüglich Arbeitsleistung, wirtschaftlicher Lage, Gesundheit, persönlicher Vorlieben, Interessen, Zuverlässigkeit, Verhalten, Aufenthaltsort oder Ortswechsel dieser natürlichen Person zu analysieren oder vorherzusagen". Bei der AI-gestützten Beurteilung der Arbeitsleistung von Mitarbeitern ist man also immer im Hochrisikobereich, auch wenn ein Mensch „dazwischengeschaltet" wird.

Obwohl Mitarbeiterbeurteilungen durch AI-Systeme durch den AI-Act nicht vollständig verboten sind, sind die Hürden hier so hoch, dass dringend zur Konsultation von externen Spezialisten geraten wird.

3.3   Recht – Recherchen durch LLMs

AI wird auf vielerlei Arten im Rechtsbereich eingesetzt. Zunächst wird die Problematik mit einem Fall eingeleitet:

Beispiel

Ein Rechtsanwalt reicht einen Schriftsatz bei Gericht ein. Wie üblich, beruft er sich auf vorherige Entscheidungen von anderen Gerichten in ähnlichen Fällen **(Case Law)**. Das Gericht prüft die in Fußnoten angegebenen Fundstellen und stellt fest, dass sie frei erfunden sind. Zur Rede gestellt, muss der Anwalt zugeben, dass der Schriftsatz von ChatGPT entworfen wurde. Die Fundstellen hatte ChatGPT halluziniert. Dem Anwalt drohen jetzt Sanktionen bis hin zum Verlust der Zulassung. ◄

Dieser Fall hat sich so oder ähnlich nicht nur einmal, sondern zahlreiche Male in den USA, Kanada und UK ereignet.[12] Die Grundkonstellation war immer dieselbe:

---

[12] Z. B. US District Court of New York, Roberto Mata vs. Avianca Inc., 22-cv-1461 (PKC); Supreme Court of British Columbia, Zhang v. Chen, 2024 BCSC 285; UK High Court of Justice, King's Bench Division, Divisional Court, [2025] EWHC 1383 (Admin). Die High Court-Entscheidung enthält in ihrem Appendix eine umfangreiche Liste weiterer ähnlicher Fälle aus der englischsprachigen Welt mit Leitsätzen.

Die Anwälte überließen ChatGPT die Suche nach Case Law. ChatGPT betrieb Pattern Recognition und produzierte Fundstellen, die formal wie echte Zitate aussahen, aber entweder nicht existierten oder nichts mit dem vorliegenden Fall zu tun hatten. Der UK High Court bemerkt dazu: „Alle Computer können Fehler machen. KI-Sprachmodelle wie ChatGPT können jedoch anfälliger dafür sein. Das liegt daran, dass sie arbeiten, indem sie den Text antizipieren, der auf die ihnen gegebene Eingabe folgen soll, sie aber kein Konzept von ‚Realität' haben."[13]

Wie wäre die Rechtslage in Deutschland?

BRAO

Die Bundesrechtsanwaltskammer (BRAK) hat Hinweise zum Einsatz von KI verfasst: „Nach § 43 Satz 1 BRAO ist der Rechtsanwalt zur gewissenhaften Berufsausübung verpflichtet. Besonders relevant ist dabei der Grundsatz der höchstpersönlichen Leistungserbringung, der besagt, dass ein Rechtsanwalt seine Tätigkeit eigenverantwortlich und im Zweifel persönlich zu erbringen hat (§ 613 BGB). Dies gilt insbesondere dann, wenn KI-Systeme wie ChatGPT zum Einsatz kommen. Daher sollte der Einsatz von KI-Systemen lediglich zur Unterstützung einer anwaltlichen Tätigkeit eingesetzt werden und darf diese nicht ersetzen."[14]

▶   Der „**Human in the Middle**" ist für Anwälte keine Option, sondern **Pflicht**.

Weitere Pflichten nach BRAO sind:

- Die Verschwiegenheitspflicht (§ 43a Abs. 2) ist zu beachten: Die Prompts müssen abstrakt gestellt werden und dürfen keine Rückschlüsse auf ein bestimmtes Mandat zulassen.
- Anwälte dürfen IT-Dienstleistern vertrauliche Informationen nur zugänglich machen, wenn das erforderlich ist („**Need-to-know-Prinzip**", § 43e).
- Der Anwalt muss mit dem Dienstleister nach sorgfältiger Auswahl einen Vertrag in Textform abschließen (§ 43e Abs. 2, 3). Dazu gehört die Verpflichtung zur Verschwiegenheit mit Belehrung über die strafrechtlichen Folgen einer Verletzung. Das dürfte bei ChatGPT schwierig werden.
- Bei Dienstleistern aus dem Ausland muss der dort bestehende Geheimnisschutz nach § 43e Abs. 4 dem Schutz im Inland vergleichbar sein. Das kann bei den USA bezweifelt werden.

---

[13] A.a.O. Rn. 13.
[14] Rammertz, Frank (2024), Ziffer 2.1.

AI-Act
Werden die Pflichten nach BRAO beachtet, liegt immer eine „Human in the Middle"-Situation vor. Es kann also nach Art. 6 Abs. 3 AI-Act kein Hochrisikosystem vorliegen. Es besteht dann auch keine Offenlegungspflicht für die Nutzung nach Art. 50 AI-Act oder BRAO, da die durch KI erzeugten Inhalte einem Verfahren der menschlichen Überprüfung oder redaktionellen Kontrolle unterzogen wurden und eine natürliche oder juristische Person die redaktionelle Verantwortung für die Veröffentlichung der Inhalte trägt.[15]

Idealerweise werden **isolierte Instanzen** von LLMs eingesetzt, die für den Einsatz bei der Rechtsberatung speziell trainiert werden. Die großen Rechtsverlage bieten ferner LLMs an, die direkt auf ihre Datenbanken zugreifen können. Natürlich sind diese Lösungen erheblich teurer als ChatGPT.

Checkliste für den Einsatz von LLMs im Rechtsbereich
• AI-Kompetenz aufgebaut?
• VVT und AVV abgeschlossen?
• Vertraulichkeit gewahrt durch Anonymisierung?
• Für Rechtsanwendung spezialisierte LLMs eingesetzt?
• Von AI vorgeschlagene Quellen persönlich überprüft?

3.4   Finanzen – Prognose von Kreditrisiken

AI-Anwendungen eignen sich für viele Szenarien im Finanzbereich, darunter Effizienzanalyse und Findung von Optimierungsmöglichkeiten (siehe Ziffer 3.7). Hier soll speziell das Thema **Kreditausfallrisiko** beleuchtet werden.

AI-Anwendungen sind in diesem Bereich sehr erfolgversprechend und die generelle Strategie klar: Man trainiert das AI-System mit den Daten der Kreditnehmer, der bisherigen Kreditausfälle und eventuell weiterer interner oder externer Marktdaten und bekommt dann eine solide Prognose des Kreditausfallrisikos von künftigen Kreditnehmern. Problematisch sind hier insbesondere Social Scoring, Profiling und die Blackbox-Problematik.

---

[15]A.o.o., Ziffer 4.

AI-Act

Zunächst ist **Social Scoring von natürlichen Personen** (Menschen) ganz verboten, wenn darauf eine **ungerechtfertigte** oder **unverhältnismäßige Benachteiligung** resultiert (Art. 5 Abs. 1 lit. c). Was damit konkret gemeint ist, geht auch aus Erwägungsgrund 31 nicht hervor. Mittlerweile hat die Kommission eine **Richtlinie**[16] **zu den verbotenen Anwendungen** gemäß Art. 5 veröffentlicht: Nicht genutzt werden dürfen diskriminierende Kriterien wie Geschlecht, Alter, ethnische Herkunft, Nationalität von Ehepartnern etc., aber (je nach Zusammenhang) auch nicht das Vorhandensein eines Internetanschlusses und das Verhalten in sozialen Medien (Rn. 166). Speziell für die Bewertung der Kreditwürdigkeit verboten sind „unrelated personal characterics" (Rn. 170), was auch immer das heißt. Ausdrücklich erlaubt sind die Berücksichtigung von Einkommen, Ausgaben und anderen finanziellen und wirtschaftlichen Umständen (Rn. 177) Da manche Beispiele eher überraschend sind, sollte die Richtlinie genau studiert werden. Insbesondere werden hier sowohl Anbieter als auch Betreiber in die Pflicht genommen (Rn. 171).

Anhang III, Ziffer 5 lit. b qualifiziert KI-Systeme, die bestimmungsgemäß für die Kreditwürdigkeitsprüfung und Bonitätsbewertung natürlicher Personen (Menschen) verwendet werden sollen, als **Hochrisikosysteme.** Dies wird auch nicht durch eine „Human in the Middle"-Konstruktion beseitigt, sofern die Anwendung **Profiling**[17] von natürlichen Personen (Menschen) vornimmt (Art. 6 Abs. III a. E. AI-Act).

DSGVO

Profiling ohne „Human in the Middle" war schon vor dem AI-Act durch Art. 22 DSGVO nur mit ausdrücklicher Einwilligung des Betroffenen erlaubt. So entschied der EuGH im sog. **SCHUFA-Urteil,** dass der SCHUFA-Score zur Bewertung der Kreditwürdigkeit unter Art. 22 DSGVO fällt, wenn der Kreditgeber sein Urteil maßgeblich von diesem Score abhängig macht. Dies gilt natürlich auch für einen mittels AI erstellten Score. Eine vollautomatisierte Entscheidung einer AI-Anwendung über den Kreditantrag einer natürlichen Person wäre damit praktisch nur mit ausdrücklicher Einwilligung des Kunden möglich.

---

[16] Commission Guidelines on prohibited artificial intelligence practices established by Regulation (EU) 2024/1689 (AI Act), Az. C(2025) 5052 final, 29. Juli 2025.

[17] Zur Definition von Profiling siehe Ziffer 3.3 unter Mitarbeiterbeurteilung.

Kapitaladäquanzverordnung (Capital Requirements Regulation)
Schließlich ist zu beachten, dass **AI nicht einsetzbar** ist, wenn Prognosen aufgrund gesetzlicher Vorschriften **regelbasiert getroffen werden müssen.** Ein Beispiel dafür ist die Kapitaladäquanzverordnung der EU.[18] Diese sehr technische Verordnung sieht für den Zweck der Eigenmittelanforderungen von Banken genaue Vorschriften und Formeln vor, wie Kreditausfallrisiken zu berechnen und zu bewerten sind. Das AI-typische Verfahren, das AI-System mit Trainingsdaten zu füttern und daraus Prognosen zu errechnen, ist hier nicht zulässig. Dies gilt selbst dann, wenn sich erweisen würde, dass AI-Anwendungen Kreditausfälle zuverlässiger berechnen als die vorgeschriebenen Regeln. Grund ist, dass das AI-System wegen des Blackbox-Problems keine Rechenschaft über das Zustandekommen seiner Ergebnisse ablegen kann, was hier aber aus der Sicht des Gesetzgebers das entscheidende Kritcrium ist.

▶ Gibt es Regeln für die Prognoseerstellung oder muss über das Zustandekommen von Ergebnissen Rechenschaft abgelegt werden, können AI-Anwendungen wegen der Black-Box-Problematik nicht oder nur flankierend/zur Kontrolle eingesetzt werden.

Checkliste für die Bewertung von Kreditausfällen
- Ist der Einsatz von AI für den jeweiligen Bewertungszweck überhaupt erlaubt oder muss regelbasiert entschieden werden?
- Sind natürliche Personen betroffen und müssen daher die Verbote zu Social Scoring und Profiling beachtet werden?
- VVT, AVV und Einwilligung der Betroffenen vorhanden?
- Gegebenenfalls Datenverarbeitungs-Folgeabschätzung erstellt?
- „Human in the Middle" vorhanden?

3.5 Marketing und Vertrieb – Chatbots für Customer Management/Customer Support

Bei der Kundenbetreuung[19] sowohl im Geschäftskundenbereich (Business to Business, B2B) als auch im Konsumentenbereich (Business to Consumer, B2C) werden häufig Chatbots eingesetzt. Die Vorteile liegen auf der Hand: Chatbots sind in

---

[18] EU-Verordnung NR. 575/2013 vom 26. Juli 2013.
[19] Mühleis (2024), p. 235.

beliebiger Anzahl Tag und Nacht verfügbar, d. h. es gibt keine Wartezeiten. Sie haben automatisierten Zugriff auf die Daten (existierender) Kunden, und können damit schneller die Ursache von Problemen finden und Wünsche umsetzen. Sie sind fast beliebig skalierbar und sparen (Personal-)Kosten ein.

Problematisch hierbei sind insbesondere der Datenschutz und der Schutz von Geschäftsgeheimnissen.

AI-Act

Laut Art. 50 I muss der Kunde vor Beginn eines Kundengesprächs informiert werden, dass er mit einer **AI-Anwendung kommuniziert. Social Scoring** ist nach Art. 5 Abs. lit c. verboten, d. h. eine eventuelle soziale Bewertung des Kunden durch die AI-Kundenbetreuung darf zu keinem ungerechtfertigten oder unverhältnismäßigen Ergebnis führen (vgl. dazu Ziffer 3.4). Ferner sollte auf **Emotionserkennung** verzichtet werden, da man ansonsten im Hochrisikobereich landet (Anhang III, Ziffer 1).

DSGVO

Die DSGVO stellt folgende Bedingungen für Chatbots auf:

• Nach Art. 5 Abs. 1 dürfen die Kundendaten nur für **festgelegte, eindeutige und legitime Zwecke** genutzt werden (lit b) und nur in einer Weise verarbeitet werden, die eine angemessene **Sicherheit personenbezogener Daten** gewährleistet (lit f.). Insbesondere muss ein **Data Leak vermieden** werden, d. h. die ungewollte Preisgabe der Daten eines Kunden an einen anderen Kunden.

• Nach Art. 6 braucht man die **Einwilligung** des Kunden zur Verarbeitung persönlicher Daten mittels AI. Von einer Notwendigkeit der AI-Anwendung kann man nicht ausgehen: Es ging ja früher auch ohne AI.

• Nach Art. 25, 32 muss das Unternehmen geeignete technische und organisatorische Maßnahmen **(TOMs)** treffen, um die Rechte der betroffenen Personen zu schützen und die Vertraulichkeit der Datenverarbeitung sicherzustellen. Ausdrücklich genannt wird **Pseudonymisierung,** d. h. die Verarbeitung personenbezogener Daten in einer Weise, dass die personenbezogenen Daten ohne Hinzuziehung zusätzlicher Informationen nicht mehr einer spezifischen betroffenen Person zugeordnet werden können (Art. 4 Ziffer 5). Ein Beispiel ist der Ersatz eines Namens durch eine zufällige Nummer.

• Nach Art. 28 braucht man für die Weitergabe an Dritte die Einwilligung des Kunden.

Geschäftsgeheimnisgesetz (GeschGehG)
Zum GeschGehG im Allgemeinen siehe oben, Ziffer 3.1.3. Informationen, die Ge-
schäftskunden bei der Kundenbetreuung preisgeben, sind praktisch immer Geschäftsgeheimnisse. Der Betreiber der AI-Kundenbetreuung wird dem (Geschäfts-)
Kunden in seinen AGBs Vertraulichkeit garantieren müssen. Ein Data Leak wäre
somit sowohl eine Vertragsverletzung als auch eine Verletzung von § 4 GeschGehG.
  Nach diesen Gesetzen spricht einiges dafür, persönliche Daten und Geschäftsgeheimnisse in der AI-Kundenbetreuung zu **anonymisieren** oder wenigstens zu
pseudonymisieren. Hier steht der Betreiber aber vor einem Dilemma:

- Die Idealvorstellung von AI bei der Kundenbetreuung ist: Man gibt der AI
  sämtliche von menschlichen Kundenbetreuern mit Kunden geführte Dialoge als
  Trainingsmatcrial. Die AI lernt dann, den Dialog schnell und effizient zu dem
  Ziel zu führen, das der Kunde wünscht. Je mehr Daten und Details, desto besser.
  Wenn aber beim Training die Daten verschiedener Kunden vermischt werden,
  besteht die Gefahr eines **Data Leaks:** Der Chatbot könnte beim Dialog mit
  Kunden A Details preisgeben, die er aus Dialogen mit Kunde B gelernt hat. Die
  Rufschädigung könnte dabei noch schlimmer sein als die rechtlichen Kon-
  sequenzen.
- Zwar ist es möglich, Kundendaten zu anonymisieren und/oder zu pseudonymi-
  sieren, und zwar wieder durch AI, was als **Masking** bezeichnet wird.
- Dann ist aber die Frage, **welche Kundendaten** maskiert werden: Sicher Name,
  Adresse, URLs, Kreditkartennummern etc., aber reicht das aus, um Data Leaks
  zu vermeiden? Der Kunde könnte immer noch indirekt identifiziert werden. Wer
  der „Münchener Autohersteller" ist, weiß jeder. Muss also auch Sitz und
  Industriezweig gelöscht werden? Was ist mit Betriebsgröße, Umsatz, bestellten
  Produkten, Bestellungsvolumen, aus denen eventuell die Identität des Kunden
  hervorgehen könnte? Wird dies alles gelöscht, sinkt die Aussagekraft der Daten
  erheblich.

  Es gibt hier keine allgemeingültige Antwort, sondern nur die sorgfältige Analyse des exakten Use Cases und der dafür notwendigen Daten: Die erforderliche
Verknappung der Daten aus Rechtsgründen muss permanent gegen die Effizienz-
steigerung durch detailliertere Daten abgewogen werden. Es verbietet sich damit
eine „Lösung von der Stange". Vor Inbetriebnahme muss das System umfangreich
getestet und während des Betriebs permanent von Menschen auf Auffälligkeiten
kontrolliert werden. Zeigen sich verdächtige Tendenzen, muss nachkalibriert werden und gegebenenfalls müssen bestimmte Daten bzw. Datengruppen gefiltert/
maskiert werden. Sinnvoll ist jedenfalls die sog. **Retrieval-augmented Genera-**

tion (RAG): Hierbei greifen LLMs während des Einsatzes auf (Kunden-)Datenbanken zu, sodass die Kundendaten aus den Trainingsdaten weitgehend gefiltert werden können, aber dann bei der Betreuung eines konkreten Kunden wieder vollständig zur Verfügung stehen. Da während der Kundenbetreuung nur auf die Daten des jeweils betreuten Kunden zugegriffen wird, wird eine potenzielle Vermischung von Daten verschiedener Kunden wie in der Trainingsphase vermieden.

Auch hier muss allerdings damit gerechnet werden, dass durch das Finetuning des KI-Systems mit existierenden Kundendialogen und/oder durch RAG der Betreiber zum Anbieter aufrückt (siehe oben, Ziffer 3.2). Es wird sich zeigen, wie die Behörden und Gerichte diese Fälle einstufen.

Checkliste für AI-Einsatz bei Kundenbetreuung und Marketing
* VVT mit Zweck, Datensätzen, Löschungsfristen etc. angelegt?
* Auftragsdatenverarbeitungsvertrag (AVV) mit Drittanbieter abgeschlossen?
* Betriebsrat informiert, insbesondere wenn Stellen durch AI ersetzt werden?
* Isolierte LLM-Instanz, die nur dem Unternehmen zur Verfügung steht?
* Kein **Social Scoring, Profiling** oder **Emotionserkennung** bei Konsumenten?
* Kundendaten während des Trainings ausreichend **anonymisiert/pseudonymisiert?**
* Kunden in AGB/Privacy Policy informiert, dass seine/ihre Daten zur Steuerung von AI (Training und/oder Dateneingabe) eingesetzt werden?
* KI-generierte Inhalte als solche gekennzeichnet?
* Kunde am Anfang des Dialogs informiert, dass er/sie **mit KI kommuniziert?**
* **„Human in the Loop",** d. h. kann der Kunde zu einem menschlichen Mitarbeiter eskalieren?
* Prozedur zur menschlichen Überwachung des Systems aufgesetzt?

3.6 Produktion von Content („geistigem Eigentum")

AI-Systeme können Content, der wie geistiges Eigentum aussieht, in erheblichem Umfang in hoher Geschwindigkeit produzieren, seien es (Werbe-)Texte, Bilder, Logos, Designs, Musik, Filme, Videospiele oder Computerprogramme. Simple Prompts produzieren „Musik wie von …", Filme aufgrund von Drehbüchern, „wissenschaftliche" Essays zu bestimmten Themen etc.

Das Problem ist hier die **Herkunft der Trainingsdaten,** die Eigentum von Dritten sein können. Dazu ein Kurzüberblick über die einschlägigen Gesetze:

3.6.1   Urheberrecht und verwandte Schutzrechte

Das Gesetz über Urheberrecht und verwandte Schutzrechte (UrhG) schützt Werke der Literatur, Wissenschaft und Kunst (§ 2 Abs. 1 UrhG), u. a.

- Schriftwerke (Texte) und Computerprogramme,
- Musik,
- Bilder und Architektur,
- Filme.

Der Schutz entsteht allein mit der Schöpfung des Werkes, es ist keine Registrierung notwendig. Der Urheber hat das Recht, jedem anderen die Nutzung seines Werkes zu verbieten und bei Verschulden Schadensersatz zu verlangen (§ 97 UrhG), es sei denn, der Urheber hat dem anderen die Nutzung durch Erteilung einer Lizenz erlaubt. Zu den erlaubnispflichtigen Nutzungen gehören (§§ 12 ff. UrhG) u. a.:

- Veröffentlichung,
- Vervielfältigung,
- Verbreitung,
- Recht der öffentlichen Zugänglichmachung (Internet),
- Bearbeitung und Umgestaltung.

Es ist wichtig zu sehen, dass das Urheberrecht ein **absolutes Recht** ist, d. h. es wirkt gegen jeden. Es ist nicht erforderlich, dass der Betreiber einer AI-Anwendung die AI selbst mit geschützten Werken trainiert hat. Sofern die AI-Anwendung rechtsverletzendes Material produziert, kann der Urheber deren Betreiber die Verwendung der Werke untersagen. Das Verschulden spielt nur beim Schadensersatz eine Rolle.

3.6.2   Markenrecht

Das Markengesetz (MarkenG) schützt Zeichen (Wörter und Bilder), die der Unterscheidung von Waren und Dienstleistungen dienen (§ 1, 3 MarkenG). Marken können, müssen aber nicht registriert werden. Werden sie nicht registriert, erreichen sie erst durch Verkehrsgeltung Schutz. Der Markeninhaber kann Dritten die markenmäßige Nutzung untersagen (§ 14 Markengesetz).

3.6.3 Produktdesign

Designschutz (früher Geschmacksmusterschutz) setzt ein neues und „eigenartiges" Design voraus (§ 2 Designgesetz/DesignG). Der Designschutz entsteht erst durch die Anmeldung des Designs (§ 27 DesignG). Wer ohne Erlaubnis ein eingetragenes Design nutzt, kann vom Rechtsinhaber auf Unterlassung und Schadensersatz in Anspruch genommen werden. Designschutz wird meist bei Gebrauchsdesign verwendet, bei dem die sog. „Schöpfungshöhe" zu niedrig ist, um als Werk des Urheberrechts durchzugehen. Ein Beispiel ist das Design der ICE-Züge, das die Deutsche Bahn eingetragen hat und gegen dessen Nutzung (Abbildung) durch Dritte sie regelmäßig vorgeht.

3.6.4 Prozesse im Zusammenhang mit geistigem Eigentum

Die Anbieter von LLMs, AI-Bild- und Tonerzeugungsprogrammen etc. halten sich gewöhnlich sehr bedeckt hinsichtlich der Frage, woher sie ihre Trainingsdaten haben. Die Content-Industrie (Verlage, Filmindustrie, Musikproduzenten etc.) ist sich sicher, woher sie kommen: Es sind Werke, an denen sie die Urheberrechte halten, und deren Nutzung nicht lizenziert wurde. Über die Fragen, ob das so ist, und ob die Nutzung zum AI-Training überhaupt lizenziert werden muss, werden derzeit weltweit zahlreiche Prozesse geführt, von denen hier nur jeweils einige exemplarisch genannt werden:

- **Texte:** New York Times Company vs. Microsoft Corporation, OpenAI, Inc. Der Vorwurf: „Die rechtswidrige Nutzung der Arbeit der Times durch die Beklagten zur Schaffung von Produkten mit künstlicher Intelligenz [ChatGPT], die mit ihr konkurrieren, bedroht die Fähigkeit der Times, diesen Dienst anzubieten."[20]
- **Filme/Bilder:** Disney, Universal vs. Midjourney. Der Vorwurf: „Midjourney versucht [...], die Früchte der kreativen Investitionen der Kläger zu ernten, indem es einen Dienst für künstliche Intelligenz („AI") zur Bilderzeugung („Image Service") verkauft, der wie ein virtueller Verkaufsautomat funktioniert und endlose unerlaubte Kopien der urheberrechtlich geschützten Werke von Disney und Universal erzeugt."[21]

---

[20] US District Court of Southern NY, No. 1: 2023cv11195, Rn. 2.

[21] US District Court of California, Case No. 25-5275, Rn. 1.

- **Musik:** GEMA vs. Suno Inc. Der Vorwurf: „Das KI-Tool erzeugte in zahlreichen Fällen Audioinhalte, die den Originalsongs wie ‚Forever Young‘, ‚Atemlos‘, ‚Daddy Cool‘, ‚Mambo No. 5‘ oder ‚Cheri Cheri Lady‘ zum Verwechseln ähnlich sind."[22]
- **Videospiele:** Nintendo vs. Palworld.[23] Palworlds Spiel war weitgehend AI-generiert, verkaufte 8 Mio. Kopien in sechs Tagen und wurde als „Pokémon mit Pistolen" bezeichnet. Nintendo sagte dazu: „Wir haben keine Genehmigung für die Nutzung des geistigen Eigentums oder der Vermögenswerte von Pokémon in diesem Spiel erteilt. Wir beabsichtigen, […] geeignete Maßnahmen zu ergreifen, die gegen geistige Eigentumsrechte im Zusammenhang mit Pokémon verstoßen."[24] Interessant ist, dass die Klage auf die Verletzung von Patenten gestützt wird.

Der Ausgang dieser Rechtsstreitigkeiten ist ungewiss. Es ist aber unwahrscheinlich, dass die AI-Entwickler urheberrechtlich geschützte Werke völlig uneingeschränkt für Trainingszwecke verwenden können. Es sind allerdings derzeit nur Klagen **gegen die Anbieter** der AI-Systeme, **nicht deren Betreiber,** bekannt. Was bedeutet die ungeklärte Rechtslage nun für Unternehmen, die AI-Tools für die Content-Produktion einsetzen bzw. die Nutzung ihres Contents für AI-Tools verhindern wollen?

3.6.5 Produktion von Content mit AI-Tools

Wenn Unternehmen mit AI-Tools Content produzieren, sind sie im Wesentlichen auf sich allein gestellt: Wenn sie mit AI-Anwendungen urheberrechtlich geschützten Content erstellen und verbreiten, können sie von den Inhabern des Urheberrechts auf Unterlassung und Schadensersatz verklagt werden. Der riskanteste Fall dürfte der „Look-Alike-Fall" sein: Ein Prompt verlangt Musik, Bilder, Filme und Text „wie von …" oder im „Stile von …" Die AI-Tools können hier sehr ähnliche Werke schaffen. Da die AI-Systeme (vermutlich) mit geschützten Werken trainiert wurden, kann bei dem künstlich generierten Bild eine **lizenzpflichtige Bearbeitung** des ursprünglichen Werkes vorliegen (§ 23 Abs. 1 Satz 1 UrhG). Ob das

---

[22] GEMA (2025).
[23] Tokyo District Court, Civil Division 40, Reiwa 6 (Wa) No. 70421.
[24] The Pokémon Company (2024).

neu geschaffene Werk einen **hinreichenden Abstand** zum benutzten Werk wahrt, der die Lizenzpflicht entfallen lässt (§ 23 Abs. 1 Satz 1 UrhG), ist zweifelhaft. Erstens ist der „hinreichende Abstand" immer eine Ermessensfrage. Zweitens ist unklar, ob es überhaupt ein neu „geschaffenes Werk" gibt, weil **Werke im Sinne des Urheberrechts nur von Menschen geschaffen** werden können. Dafür spricht auch, dass für ausschließlich technisch bedingte Änderungen bei der Nutzung eines Werks (z. B. Text und Data Mining, §§ 44b, 60d UrhG) die Ausnahme des § 23 Abs. 1 UrhG nicht gilt. Nur wenn die benutzten Inhalte **nicht mehr erkennbar** sind, besteht kein Risiko.[25] Gleiches gilt für Marken (Logos) und Designs, die eventuell zum Training verwendet wurden.

Manche US-Firmen (z. B. Google und Microsoft) haben angesichts der Vielzahl der Klagen gegen ihre AI-Anwendungen angekündigt, ihre Nutzer bei Klagen wegen Urheberrechtsverletzungen bei der Nutzung ihrer Anwendungen zu entschädigen. Die Ankündigungen enthalten aber zahlreiche Schlupflöcher. So will Google z. B. keine Entschädigung zahlen, wenn der Nutzer „absichtlich" gegen die Rechte Dritter verstößt.[26] Damit dürften „Look alike"-Prompts schon nicht mehr abgedeckt sein, die aber die Hauptgefahr einer Urheberrechtsverletzung darstellen. Ferner wird primär der Nutzer verklagt, der zunächst allein den Ärger mit der Prozessführung hat und sich seinen Schaden dann in den USA ersetzen lassen muss. Es wird daher davon abgeraten, sich auf solche Ankündigungen zu verlassen.

Wie oben festgestellt, sind Werke im Urheberrecht nur geschützt, wenn sie von Menschen erstellt wurden. Inwiefern mithilfe von **AI-Anwendungen hergestellter Content urheberrechtlich geschützt, d. h. wirklich geistiges Eigentum ist,** ist eine im Fluss befindliche Frage. Nachdem das US Copyright Office zunächst die Registrierung eines mittels eines AI-Tools geschaffenen Contents ablehnte, weil es nicht von einem Menschen geschaffen sei,[27] hat es mittlerweile umfangreiche Reports zum Verhältnis von AI und Copyright veröffentlicht. Die Zusammenfassung lautet: „Diese Ergebnisse sind in vielen Fällen ganz oder teilweise urheberrechtlich geschützt – wenn AI als Werkzeug eingesetzt wird und ein Mensch in der Lage war, die darin enthaltenen Ausdruckselemente zu bestimmen. Prompts allein dürften jedoch zum jetzigen Zeitpunkt diese Anforderungen kaum erfüllen."[28]

---

[25] So auch das Bundesministerium der Justiz (2024).

[26] Google Cloud (2023).

[27] US Copyright Office, Second Request for Reconsideration for Refusal to Register SURYAST (SR # 1-11016599571; Correspondence ID: 1-5PR2XKJ)

[28] US Copyright Office (2025), Sec. V.

Aus Deutschland sind noch keine Urteile bekannt. Es wird sicher darauf ankommen, wie stark der Mensch bei der Nutzung von AI-Anwendungen Einfluss nimmt. Mit einfachen Prompts generierter Content wird aber auch hierzulande kaum schutzfähig sein. Da der Betreiber verpflichtet ist, AI-generierten Content als solchen zu markieren, ist der **fehlende urheberrechtliche Schutz** auch jedem Dritten **offensichtlich**. Wo anwendbar, kann sich der Schutz aber über Marken- oder Designschutz ergeben: Selbst wenn Content nicht urheberrechtlich schutzfähig ist, entsteht hier der Schutz mit der Registrierung.

Checkliste Erstellung AI-generierter Content
• VVT mit Zweck, Datensätzen, Löschungsfristen etc. angelegt?
• Auftragsdatenverarbeitungsvertrag (AVV) mit Drittanbieter?
• Benutztes geistiges Eigentum (Trainingsmaterial) nicht mehr erkennbar?
• AI-generierter Content also solcher markiert?
• Wo möglich, Marken- oder Designschutz beantragt?

3.6.6 Schutz von Content vor Training für AI-Tools

Wie gesagt, erlaubt § 44b Abs. 1 UrhG grundsätzlich die Nutzung von geschützten Werken zum Zwecke des Text und Data Minings als Ausnahme (sog. Schranke) vom Urheberrecht. Allerdings gilt als Rückausnahme (sog. Schranken-Schranke), dass Werke nicht zum Text und Data Mining genutzt werden dürfen, wenn der Rechtsinhaber einen **Nutzungsvorbehalt** erklärt. Dieser ist bei online zugänglichen Werken in **maschinenlesbarer Form** zu erklären (§ 44b Abs. 3 UrhG).

Viel Aufsehen hat in diesem Zusammenhang das sog. **Laion-Urteil**[29] erregt. Hier hatte ein mit der Ludwig-Maximilians-Universität München verbundener, aber vermutlich von kommerziellen AI-Anbietern finanzierter gemeinnütziger Verein Datasets für AI-Training kostenfrei online gestellt. In dem Datenset befand sich auch ein Foto eines Fotografen, der einen Nutzungsvorbehalt erklärt hatte. Der Fotograf klagte auf **Unterlassung der Vervielfältigung** seines Fotos zur Erstellung von KI-Datensätzen. Die Klage wurde abgewiesen, weil die Vervielfältigung von § 60d UrhG (siehe sogleich) gedeckt sei. Dass der Verein eventuell privat finanziert

---

[29] LG Hamburg, Urteil vom 27 September 2024, Az. 310 O 227/23.

sei, sei irrelevant, es käme lediglich darauf an, dass die Veröffentlichung kostenlos gewesen sei.

Es würde hier zu weit führen, das komplizierte Laion-Urteil ausführlich zu analysieren. Nur so viel: Der Nutzungsvorbehalt war grundsätzlich wirksam, aber die Klage m. E. technisch falsch konzipiert. § 60d Abs.1 UrhG sagt, dass **Vervielfältigungen** für Text und Data Mining für Zwecke der **wissenschaftlichen Forschung** mit Einschränkungen zulässig sind. § 60d Abs. 4 UrhG sagt aber auch, dass die **Veröffentlichung** nur unter strengen Einschränkungen möglich ist (nur für andere Forscher oder zur Überprüfung der Qualität der Forschung), d. h.: Eine generelle Veröffentlichung auch für kommerzielle Nutzer ist verboten. Dem Gesetz liegt der Gedanke zugrunde, dass die interne Vervielfältigung eines Werks für die nicht-kommerzielle Forschung nur ein minimaler Eingriff ist, solange es nicht zur kommerziellen Nutzung kommt. Diese Unterscheidung wurde bei der Klageerstellung übersehen: Es hätte nicht auf Unterlassung der Vervielfältigung, sondern der Veröffentlichung geklagt werden müssen.

Rechtsinhabern, die die Nutzung ihrer Werke für AI-Training verhindern wollen, sei nach wie vor dringend geraten, den Nutzungsvorbehalt zu erklären. Bei **kommerzieller** Nutzung kann dann gegen die unerlaubte Vervielfältigung geklagt werden (§ 44b Abs. 3), bei **wissenschaftlicher** Nutzung immer noch gegen die generelle öffentliche Zugänglichmachung (§ 60d Abs. 4). Der Fall zeigt aber, wie unübersichtlich die Rechtslage derzeit leider ist.

3.7 Betriebsabläufe, Bestandsmanagement, Nachfrageprognose, Predictive Maintenance

Ein großes Einsatzfeld von AI besteht in der Steigerung der Produktivität und Effizienz von Betriebsabläufen im Allgemeinen. Verwandte Gebiete sind das Bestandsmanagement, die Nachfrageprognose und Instandhaltung (Predictive Maintenance). Der Gedanke ist, dass praktisch sämtliche Daten eines Unternehmens in ein AI-System eingespeist werden, um dann Bereiche hoher oder niedriger Produktivität ebenso wie die jeweiligen Ursachen zu identifizieren und dann die Abläufe zu optimieren. Daten können hier sein:

- Finanzdaten (Eingaben, Ausgabe, Abschreibungen, Steuern)
- Produktionsdaten (Stückzahlen, Abläufe, Produktionszeiten, Ausschüsse)
- Personaldaten (Daten zur Arbeitszeit, Produktivität)
- Verträge
- Emails
- externe Marktdaten

AI-Act

AI-Tools zur Analyse der Produktivität sind grundsätzlich keine Hochrisiko-systeme nach Art. 6. Es gelten dann nur die Vorschriften für AI-Anwendungen mit minimalem Risiko, insbesondere muss die KI-Kompetenz gewährleistet sein (Art. 4).

Wichtig ist es, sich vom individuellen **Profiling** der Mitarbeiter fernzuhalten, was dann gleich zu einem Hochrisikosystem ohne „Human in the Middle"-Aus-nahmen führen würde (Art. 6 Abs. 3). Siehe dazu unter der DSGVO.

DSGVO

Die DSGVO ist nur anwendbar, wenn persönliche Daten verarbeitet werden. Ist das der Fall und käme es sogar zu einer automatischen individuellen Bewertung, müsste der Mitarbeiter die Einwilligung erteilen (§ 22 DSGVO). Normalerweise ist aber gar nicht gewünscht.

Daher müssen alle **persönlichen Daten** der Mitarbeiter vor der Verarbeitung **ausgefiltert, anonymisiert** oder **pseudonymisiert** werden. Das ist allerdings gar nicht so leicht und es gibt eine Reihe von Fallstricken:

- Zunächst müssen natürlich alle Namen, Adressen, Geburtsdaten, Personal-nummern etc. gelöscht werden. Das betrifft Personalakten, E-Mails etc.
- Allerdings können Mitarbeiter immer noch anhand von nicht unmittelbar persönlichen Daten identifiziert werden, sofern dadurch der potenzielle Personenkreis stark reduziert oder auf eine einzige Person reduziert wird. Dafür gibt es zahlreiche Beispiele:
  - Abteilungen, in denen nur eine Person arbeitet oder eine Person in einer be-stimmten Funktion (z. B. Abteilungsleiter)
  - Das Gehalt ist ein starker Indikator. Z. B. ist die Person mit dem höchsten Gehalt meist der CEO.
  - Es muss daher sehr darauf geachtet werden, dass der durch indirekte Merk-male identifizierbare Personenkreis nicht zu klein wird. Das sollte vor Durchführung der Analyse getestet werden, aber auch dabei hilft die AI.
- Eine große Gefahr ist hier der menschliche Faktor: Stellt sich bei der Analyse heraus, dass in einem Bereich eine anonyme Person oder kleine Gruppe sehr unproduktiv ist, ist es für viele Vorgesetzte eine nahezu unwiderstehliche Versu-chung, die Identität der betreffenden Personen doch irgendwie festzustellen und zu sanktionieren, d. h. meist zu kündigen. Dann kann die ganze Produktivitäts-analyse nachträglich doch noch zu einem Hochrisikosystem gemäß Art. 6 Abs. III AI-Act werden, mit den entsprechenden Haftungsrisiken. Diese Reaktion muss vorausgesehen und verhindert werden.

Checkliste Produktivitäts-/Effektivitätsanalyse

- VVT mit Zweck, Datensätzen, Löschungsfristen etc. angelegt?
- Auftragsdatenverarbeitungsvertrag (AVV) mit Drittanbieter?
- Anbieter sorgfältig ausgewählt?
- Bewertungs-Tool getestet?
- Arbeitnehmer und Betriebsrat über Einsatz informiert?
- Mitarbeiterdaten anonymisiert und Zahl der identifizierbaren Personengruppen ausreichend groß?
- Keine Möglichkeit, Personen nachträglich zu identifizieren und zu sanktionieren?

Fazit 4

Die Analyse von typischen Anwendungsfällen hat Zweifelsfälle hinsichtlich des AI-Act aufgedeckt, insbesondere: Wann wird ein Betreiber durch Branding und/ oder Finetuning zum Anbieter mit der Folge einer enorm erhöhten Pflichtenlast bei Hochrisikoanwendungen? Ist der AI-Act ein Schutzgesetz? Mit höchstrichterlicher Klärung dieser Rechtsfragen durch den EuGH ist nicht vor 2030 zu rechnen, bei Inanspruchnahme der Übergangsfristen sogar erst erheblich später.

Unternehmen, die KI-Systeme betreiben, ist daher generell Folgendes zu raten:

- Natürlich müssen die generellen Vorschriften für die Nutzung von AI eingehalten werden (AI-Kompetenz, VVT und AVV nach DSGVO etc.).
- Der Betreiber sollte KI-Systeme wegen des Haftungsrisikos immer auch selbst auf potenzielle Fehler, Bias, Rechtsverstöße etc. **testen.**
- Immer sind eventuell erforderliche **Einwilligungen** (Mitarbeiter, Betriebsrat, Bewerber, Kunde) und **Hinweispflichten** (KI-generierte Inhalte, Interaktion mit KI-Systemen, Datentransfer) zu prüfen.
- Fast immer ist ein „**Human in the Middle**" sinnvoll, einerseits um den Hochrisikobereich zu vermeiden, andererseits um Verzerrungen (Bias) und andere Fehler frühzeitig zu entdecken und zu korrigieren.
- Bei **Veränderungen, Einbindung** und **Rebranding** bestehender KI-Systeme sollte sehr vorsichtig vorgegangen werden, um nicht in die Anbieterrolle zu rutschen.
- Bei Zweifelsfällen sollte ein „**Anbieter Light**"-**Pflichtenkatalog** abgearbeitet werden: Falls die Behörden und Gerichte in Jahren der Ansicht sein sollten, dass ein Unternehmen bei der Nutzung eines KI-Systems zum Anbieter geworden ist, kann zumindest Verantwortungsbewusstsein nachgewiesen werden. Es

M. Franz, *Rechtssicherer AI-Einsatz im Unternehmen*, essentials, https://doi.org/10.1007/978-3-658-49945-7_4

ist aufgrund der unklaren Rechtslage unwahrscheinlich, dass die Behörden gleich Bußgelder verhängen werden, sondern dem Unternehmen grundsätzlich erst die Chance geben werden, die Situation zu ändern bzw. die Pflichten nachträglich zu erfüllen.

Was Sie aus diesem *essential* mitnehmen können

- Betreiber haften in vielen Fällen für Fehler ihrer AI-Anwendung, daher ist bei der Lizenzierung von AI-Anwendungen immer auf Garantien und Regress gegen den Anbieter zu achten.
- Der Betreiber sollte KI-Systeme wegen des Haftungsrisikos immer auch selbst auf potenzielle Fehler, Bias, Rechtsverstöße etc. testen.
- Vorsicht bei Einbindung, Rebranding und Finetuning existierender Systeme: Dies kann den Betreiber eventuell zu einem Anbieter mit stark erhöhtem Pflichtenumfang machen.
- Fast immer ist es sinnvoll und häufig unabdinglich, einen „Human in the Middle" zu installieren.

Literatur

Bitkom e. V. (2024): Umsetzungsleitfaden zur KI-Verordnung. Compliance in der Praxis – Schritt für Schritt.

Bundesministerium der Justiz (2024): Künstliche Intelligenz und Urheberrecht. Fragen und Antworten. (https://www.bmjv.de/SharedDocs/Downloads/DE/Themen/Nav_Themen/240305_FAQ_KI_Urheberrecht.pdf?__blob=publicationFile&v, abgerufen am 18. August 2025).

Bundesregierung (2025): AI-Act verabschiedet. Einheitliche Regeln für Künstliche Intelligenz in der EU. (https://www.bundesregierung.de/breg-de/aktuelles/ai-act-2285944, abgerufen am 18. August 2025).

Datenschutzkonferenz (2019): Liste der Verarbeitungstätigkeiten, für die eine DSFA durchzuführen ist. (https://www.bfdi.bund.de/SharedDocs/Downloads/DE/Muster/Liste_VerarbeitungsvorgaengeDSK.pdf?__blob=publicationFile&v=7, abgerufen am 18. August 2025).

GEMA: Faire Vergütung gefordert: GEMA klagt gegen Suno Inc. Pressemeldung vom 21. Januar 2025 (https://www.gema.de/de/w/pm-klage-gegen-suno, abgerufen am 18. August 2025).

Google Cloud (2023): Shared fate: Protecting customers with generative AI indemnification. (https://cloud.google.com/blog/products/ai-machine-learning/protecting-customers-with-generative-ai-indemnification, abgerufen am 18. August 2025).

Mühleis, Niklas und Akinci, Nick (2024): Rechtsleitfaden KI im Unternehmen: Mehr Rechtssicherheit im Zeitalter der Künstlichen Intelligenz. Mit Beispielen u. Fallstudien. Aktuell zu ChatGPT, Midjourney und Co. Rheinwerk Verlag.

Nomerowskaja, Anastasia (2025): Wenn der Bias entscheidet: Der Workday-Fall. (https://juribo.de/wenn-der-bias-entscheidet-der-workday-fall/, abgerufen am 18. August 2025).

Rammertz, Frank (2024): Hinweise zum Einsatz von künstlicher Intelligenz (KI), Stand: Dezember 2024 (Bundesrechtsanwaltskammer).

Rohrlich, Michael (2025): KI und Recht: Der Leitfaden für rechtliche Herausforderungen beim Einsatz von KI-Anwendungen. Carl Hanser Verlag.

Niko Steeb (2025): Die Evolution der künstlichen Intelligenz (https://www.seowerk.de/
news/die-evolution-der-kuenstlichen-intelligenz-eine-reise-von-antiken-visionen-bis-
zur-gegenwart, abgerufen am 18. August 2025).

The Bar Council (UK)(2024): Considerations when using ChatGPT and generative artificial
intelligence software based on large language models.

The Pokémon Company: Inquiries Regarding Other Companies's Games. Pressemeldung
vom 25. Januar 2024. (https://corporate.pokemon.co.jp/media/news/detail/335.html, abgerufen am 18. August 2025).

US Copyright Office (2025): Copyright and Artificial Intelligence. Part 2: Copyrightability.
A Report of the Register of Copyrights, January 2025.

Wendt, Janine und Wendt, Dominik (2024): Das neue Recht der Künstlichen Intelligenz: Artificial Intelligence Act (AI Act). Nomos.

MIX
Papier aus verantwortungsvollen Quellen
Paper from responsible sources
FSC® C105338

If you have any concerns about our products,
you can contact us on
ProductSafety@springernature.com

In case Publisher is established outside the EU,
the EU authorized representative is:
Springer Nature Customer Service Center GmbH
Europaplatz 3, 69115 Heidelberg, Germany

Printed by Libri Plureos GmbH
in Hamburg, Germany